Anna 没办法!

一本简短的中文小说
二年级: 甲
简体字/汉语拼音版

Terry Waltz 着
故事部分人物根据 Blaine Ray 的"Pobre Ana"

Albany Language Learning
© 2007-2011
第二版本

Anna méibànfǎ!

Yī běn jiǎnduǎn de zhōngwén xiǎoshuō
Èr nián jí: jiǎ

Terry Waltz

Gùshì bùfen rénwù gēnjù Blaine Ray de "Pobre Ana"

Albany Language Learning
©2007-2011
Dì èr bànběn

第一章

Anna 是 一个 女孩子。她 有 一些 问题。一些 问题？她的 问题 很 多! 她 有 跟 家人 的 问题，也 有 跟 朋友 的 问题。Anna 虽然 很 正常，但 是 问题 很 多。

Anna 今年 十五 岁。她 不太 高，但是 她 留 长 头发。她的 眼睛 是 蓝色的，头发 是 咖啡 色的。

Anna 住在 New York 的 Delmar。她的 家 庭 很 正常。她家 有 父亲、母亲、一个 弟弟 和 一个 妹妹。Anna 父母的 房子 是 蓝色 的。房子 不太 大，也 不太 小。大小 是 正常的。她的 学 校 不大，也不小。学校 叫 Bethlehem 高中。Anna 是 高一 学生。

Anna 的 父亲 叫 Rob。他 在 St. Peter's Hospital 工作。St. Peter's Hospital 在 Albany。Anna 的 母亲 叫 Ellen。她 也 在 St. Peter's 工作。

dì yī zhāng

Anna shì yīge nǚháizǐ. Tā yǒu yī xiē wèntí. Yī xiē wèntí ? Tade wèntí hěn duō! Tā yǒu gēn jiārén de wèntí, yě yǒu gēn péngyǒu de wèntí. Anna suīrán hěn zhèngcháng, dànshì wèntí hěn duō.

Anna jīnnián shíwǔ suì. Tā bútài gāo, dànshì tā liú cháng tóufa. Tāde yǎnjīng shì lánsè, tóufa shì kāfēisède.

Anna zhùzài New York de Delmar. Tāde jiātíng hěn zhèngcháng. Tā jiā yǒu fùqīn、mǔqīn、yīge dìdi hé yīge mèimei. Anna fùmǔde fángzi shì lánsè de. fángzi bù tài dà, yě bútài xiǎo. Dàxiǎo shì zhèngchángde. Tāde xuéxiào bù dà, yě bù xiǎo. Xuéxiào jiào Bethlehem gāozhōng. Anna shì gāoyī xuéshēng.

Anna de fùqīn jiào Rob. Tā zài St. Peter's Hospital gōngzuò. St. Peter's Hospital zài Albany. Anna de mǔqīn jiào Ellen. Tā yě zài St. Peter's gōngzuò.

Anna 有 一个 弟弟、一个 妹妹。她 弟弟 叫 Don。她 妹妹 叫 Patty。Don 今年 十四 岁。Patty 今年 十一 岁。

虽然 Anna 的 家人 都 很 好，但是 她 不 高兴，因为 她 母亲 常常 骂 她。

如果 Anna 把 课本 放在 地板 上，她 母亲 会 大声 地 叫:「Anna，快 把 书 放在 书桌 上! 把 书 放在 书桌 上 吧! 不要 把 书 放在 地板 上! 听见 了 没有?」Anna 很 不高兴。但是 没有办法!

如果 Anna 吃 巧克力，她 母亲 也 会 骂 她。「Anna，不要 吃 巧克力 了! 吃 水果 吧! 你 要 多 吃 水果。水果 好。巧克力 不 好。你 需要 水果，但是 你 不 需要 巧克力!」虽然 Anna 很 生气，但是 没有办法!

Anna 的 父亲 也 是 一个 问题。Anna 要 钱。她 要 买 Nikes。她 要 去 TGI Friday's 吃饭。Anna 对 她 父亲 说:「爸爸，我 需要 钱。我 要 买 Nikes。我 要 在 TGI Friday's 吃饭。」

Anna yǒu yīge dìdi、yīge mèimei. Tā dìdi jiào
Don. Tā mèimei jiào Patty. Don jīnnián shísì suì.
Patty jīnnián shíyī suì. Suīrán Anna de jiārén dōu hěn hǎo, dànshì tā bù
gāoxìng, yīnwèi tā mǔqīn chángcháng mà tā.
Rúguǒ Anna bǎ kèběn fàngzài dìbǎn shàng, tā
mǔqīn huì dàshēng dì jiào: 「Anna, kuài bǎ shū
fàngzài shuōzhuō shàng! Bǎ shū fàngzài shuōzhuō
shàng ba! búyào bǎ shū fàngzài dìbǎn shàng!
Tīngjìan le méiyǒu? 」 Anna hěn bù gāoxìng.
Dànshì méiyǒu bànfǎ!
Rúguǒ Anna chī qiǎokèlì, tā mǔqīn yě huì mà tā.
「Anna, búyào chī qiǎokèlì le! Chī shuǐguǒ ba! nǐ
yào duō chī shuǐguǒ. Shuǐguǒ hǎo. Qiǎokèlì bù hǎo.
Nǐ xūyào shuǐguǒ, dànshì nǐ bù xūyào qiǎokèlì!」
Suīrán Anna hěn shēngqì, dànshì méiyǒu bànfǎ!
Anna de fùqīn yě shì yīge wèntí. Anna yào qián.
Tā yào mǎi Nikes. Tā yào qù TGI Friday's chīfàn.
Anna duì tā fùqīn shūo: 「Bàba, wǒ xūyào qián. Wǒ
yào mǎi Nikes. Wǒ yào zài TGI Friday's chīfàn.」

Anna 的 爸爸 回答 说：「Anna，不要 这样。我 没有 钱。你 不 需要 Nikes。我们 在家 吃饭。你 不 需要 钱。」他 什麼 钱 都 不 给 Anna。Anna 很 不 高兴，但是 没办法!

第三个 问题 是 Anna 的 弟弟。Don 很 麻烦。Anna 有 一本 很 重要 的 书。那本 书 是 她 的 数学 课本。她 需要 那本 书。她 虽然 找书 找 了 二十 分钟，但是 她 都 找不到。

Anna 对 Don 说：「Don，拜托 你! 我 需要 我的 课本。那本 课本 很 重要! 是 我 的 数学 课本。你 把 它 放在 哪儿?」

但是 Don 不 回答。他 不 帮 Anna 找 课本。虽然 Anna 很 生气，但是 Don 只 会 看 电视。他 嘲笑 Anna 的 问题。Don 常常 嘲笑 他 的 姐姐。Anna 虽然 不 喜欢 Don 嘲笑 她，但是 没办法!

Anna de bàba huídá shuō:「Anna, búyào
zhèyàng. Wǒ méiyǒu qián. Nǐ bù xūyào Nikes.
Wǒmen zài jiā chīfàn. Nǐ bù xūyào qián.」Tā
shénme qián dōu bù gěi Anna. Anna hěn bù
gāoxìng, dànshì méibànfǎ!
Dì sān gè wèntí shì Anna de dìdi. Don hěn
máfán. Anna yǒu yīběn hěn zhòngyào de shū.
Nàběnshū shì tāde shùxué kèběn. Tā xūyào nàběn
shū. Tā suīrán zhǎo shū zhǎo le èrshí fēnzhōng,
dànshì tā dōu zhǎo bú dào.
Anna duì Don shūo:「Don, bàituō nǐ! Wǒ xūyào
wǒde kèběn. Nàběn kèběn hěn zhòngyào! Shì wǒde
shùxué kèběn. Nǐ bǎ tā fàngzài nǎr?」
Dànshì Don bù huídá. Tā bù bāng Anna zhǎo
kèběn. Suīrán Anna hěn shēngqì, dànshì Don zhǐ huì
kàn diànshì. Tā cháoxiào Anna de wèntí. Don
chángcháng cháoxiào tāde jiějie. Anna suīrán bù
xǐhuān Don cháoxiào tā, dànshì méibànfǎ!

Anna 跟 妹妹 也 有 问题。 Patty 喜欢
Anna 的 iPod。 虽然 Anna 的 iPod 不是 很 好 的
iPod，但是 Patty 喜欢。Anna 说 Patty 不可以 听
她的 iPod，但是 Patty 都 会 用。下课 以后，
Anna 在家。 她 要 听 音乐。但是 她 找不到 她的
iPod。 Anna 虽然 找 iPod 找了 十五 分钟，但是
iPod 都 找不到! Anna 大声地 叫： 「我的 iPod 在
哪儿? 」

但是 Patty 不 回答。她 嘲笑 Anna。 虽然
她 有 Anna 的 iPod，但是 她 什麼 都 不说。
Patty 常常 嘲笑 Anna 的 问题。 Anna 虽然 很 生
气，但是 没有办法!

Anna 有 两个 好 朋友。 一个 叫 Elsa。 Elsa
今年 十六 岁。 她 也 留 长头发。 她 也 上
Bethlehem 高中。 Elsa 不 学 汉语。 她 学 法语。

Anna gēn mèimei yě yǒu wèntí. Patty xǐhuān Anna de iPod. Suīrán Anna de iPod bù shì hěn hǎo de iPod, dànshì Patty xǐhuān. Anna shuō Patty bù kěyǐ tīng tāde iPod, dànshì Patty dōu huì yòng. Xiàkè yǐhòu, Anna zài jiā. Tā yào tīng yīnyuè. Dànshì tā zhǎo bú dào tāde iPod. Anna suīrán zhǎo iPod zhǎole shíwǔ fēnzhōng, dànshì iPod dōu zhǎo bú dào! Anna dàshēng dì jiào: 「wǒde iPod zài nǎr? 」

Dànshì Patty bù huídá. Tā cháoxiào Anna. Suīrán tā yǒu Anna deiPod, dànshì tā shénme dōu bù shuō. Patty chángcháng cháoxiào Anna de wèntí. Anna suīrán hěn shēngqì, dànshì méiyǒu bànfǎ!

Anna yǒu liǎng gè hǎo péngyǒu. Yīge jiào Elsa. Elsa jīnnián shílìu suì. Tā yě liú cháng tóufa. Tā yě shàng Bethlehem gāozhōng. Elsa bù xué hànyǔ. Tā xué fàyǔ.

Elsa 跟 家人 没有 问题。 她的 衣服 很 多。
他 父母 常常 给 她 钱。 她 有 一辆 车。 她的 车 是
红色 的 Ford Mustang。 是 一辆 很 贵 的 车。Elsa
过 十六 岁 的 生日，爸爸 就 把 Mustang 送给 她
。 那辆车 不是 Elsa 买的，是 他爸爸 买的 车!
Elsa 每天 都 开 她 红色的 车 去 学校。

Anna 没有 车。 她 天天 都 要 坐 黄色的 校
车 去 学校。 因为 她 没有 车，她 很 难过。 她 不
喜欢 坐 黄色的 校车 去 学校。但是 没办法!

第二 个 朋友 叫 Sara。 Sara 十五 岁，眼睛
咖啡色。 Sara 不 留 长 头发。 Sara 是 很 好 的 学
生。 她 也 是 Bethlehem 高中 的 学生。

Sara 跟 Elsa 一样，跟 家人 没有 问题。
Sara 的 父母 很 有钱。 父母 常常 给 Sara 钱。
Sara 常常 去 SuperBoutique 买 衣服。 Sara 买 很
多 新 衣服。 她 常常 跟 Elsa 去 SuperBoutique 买
衣服。 她 买的 运动鞋 是 Nike 的。 都是 最贵的
。

Elsa gēn jiārén méiyǒu wèntí. Tāde yīfú hěn duō.
Tā fùmǔ chángcháng gěi tā qián. Tā yǒu yīliàng chē.
Tāde chē shì hóngsè de Ford Mustang. Shì yīliàng
hěn guì de chē. Elsa guò shíliù suì de shēngrì, bàba
jiù bǎ Mustang sònggěi tā. Nà liàng chē búshì Elsa
mǎide, shì tā bàba mǎide chē! Elsa měitiān dōu kai tā
hóngsè de chē qù xuéxiào. Anna méiyǒu chē. Tā xiàtiān dōu yào zuò
huángse de xiàochē qù xuéxiào. Yīnwèi tā méiyǒu
chē, tā hěn nánguò. Tā bù xǐhuān zuò huángse de
xiàochē qù xuéxiào. Dànshì méibànfǎ!

Dì èr ge péngyǒu jiào Sara. Sara shíwǔ suì,
yǎnjīng kāfēisè. Sara bù liú cháng tóufa. Sara shì
hěn hǎo de xuéshēng. Tā yě shì Bethlehem gāozhōng
de xuéshēng.

Sara gēn Elsa yíyàng, gēn jiārén méiyǒu wèntí.
Sara de fùmǔ hěn yǒuqián. fùmǔ chángcháng gěi
Sara qián. Sara chángcháng qù SuperBoutique mǎi
yīfú. Sara mǎi hěn duō xīn yīfú. Tā chángcháng gēn
Elsa qù SuperBoutique mǎi yīfú. Tā mǎide
yùndòngxié shì Nike de. Dōushì zuìguì de.

如果 Sara 需要 钱，她 请 父亲 给 她 钱。她 父亲 都会 给 她 钱。Sara 买 很 多 衣服。Anna 很 难过，因为 她的 钱 不多。她 没有 钱 去 买 新 衣服。她 都 不 买 新 衣服。虽然 Anna 很 难过，但是 没办法!

Anna 有 衣服，但是 她的 衣服 不多，也 不新。她 在 Wal-Mart 买 衣服。她 不 买 Nike，因为 她的 钱 不多。她 不 买 Calvin Klein 的 衣服，因为 钱 不多。Sara 跟 Elsa 都 买 Calvin Klein 和 Nike。Anna 很 难过。但是 没办法!

Anna 跟 家人 在家 吃饭。他们 吃的 饭 不是 很 好吃。Anna 的 朋友 常常 在 TGI Friday's 吃饭。但是 Anna 的 家人 没有 很多 钱，所以 他们 不 去 Friday's。Anna 很 喜欢 在 Friday's 吃饭。但是 没办法!

Rúguǒ Sara xūyào qián, tā qǐng fùqīn gěi tā qián.
Tā fùqīn dōu huì gěi tā qián. Sara mǎi hěn duō yīfú.
Anna hěn nánguò, yīnwèi tāde qián bùduō. Tā
méiyǒu qián qù mǎi xīn yīfú. Tā dōu bù mǎi xīn yīfú.
Suīrán Anna hěn nánguò, dànshì méibànfǎ!
Anna yǒu yīfú, dànshì tāde yīfú bùduō, yě bù
xīn. Tā zài Wal-Mart mǎi yīfú. Tā bù mǎi Nike,
yīnwèi tāde qián bùduō. Tā bù mǎi Calvin Klein de
yīfú, yīnwèi qián bùduō. Sara gēn Elsa dōu mǎi
Calvin Klein hé Nike. Anna hěn nánguò. Dànshì
méibànfǎ!
Anna gēn jiārén zài jiā chīfàn. Tāmen chī de fàn
bù shì hěn hǎochī. Anna de péngyǒu chángcháng zài
TGI Friday's chīfàn. Dànshì Anna de jiārén méiyǒu
hěnduō qián, suǒyǐ tāmen bù qù Friday's. Anna hěn
xǐhuān zài Friday's chīfàn. Dànshì méibànfǎ!

第二章

星期一，Anna 早上 七 点钟 起床。她 跟 母亲 讲话。Anna 对 母亲 说：「我 要 去 学校 了。我 需要 我的 历史 课本。不知道 我的 历史 课本 在 哪儿？」

母亲 听了 Anna 的话。她 很 生气地 对 Anna 说：「Anna，你 今年 几岁 了？书 在 哪儿？书 为什麽 不 在 你的 书桌 上 呢？书 是 什麽 颜色？在 你 床上 有 一本 黄色 的 书。快 去 看看，床上 的 书 是 不是 你的 历史 课本。快 一点 吧! 书 在 你 床上 吧!」

Anna 很 难过，因为 她 母亲 生气 了。但是 没有办法!

Anna 跟 弟弟 说：「帮 我 找 我 黄色 的 课本 吧! 是 我的 历史 课本。那本 书 很 重要。因为 今天 要 上 历史课，所以 我 需要 课本。」

dì èr zhāng

Xīngqī yī, Anna zǎoshàng qī diǎnzhōng qǐchuán.
Tā gēn mǔqīn jiǎnghuà. Anna duì mǔqīn shūo: 「Wǒ
yào qù xuéxiào le. Wǒ xūyào wǒde lìshǐ kèběn. Bù
zhīdào wǒde lìshǐ kèběn zài nǎr? 」
　　Mǔqīn tīngle Annade huà. Tā hěn shengqì dì duì
Anna shūo: 「Anna, nǐ jīnnián jǐ suì le? shū zài
nǎr? shū wèishénme bù zài nǐde shuōzhuō shàng
ne? shū shì shénme yánsè? zài nǐ chuáng shàng
yǒu yīběn huángse de shū. kuài qù kànkàn, chuáng
shàng de shū shì búshì nǐde lìshǐ kèběn. kuài yī diǎn
ba! shū zài nǐ chuáng shàng ba! 」
　　Anna hěn nánguò, yīnwèi tā mǔqīn shēngqì le.
Dànshì méiyǒu bànfǎ!
　　Anna gēn dìdi shūo: 「bāng wǒ zhǎo wǒ
huángse de kèběn ba! shì wǒde lìshǐ kèběn.
Nàběnshū hěn zhòngyào. Yīnwèi jīntiān yào shàng
lìshǐkè, suǒyǐ wǒ xūyào kèběn. 」

但是 Don 只是 坐 在 沙发上。他 不 回答。他 都 不 帮 Anna 找书。Don 只 看 电视。他 不 帮 他 姐姐 找书。没办法!

Anna 很 难过,因为 她母亲 常常 生她的气。母亲 生气 的时候,她 都 会 骂 Anna。Anna 很 难过,因为 她 弟弟 都 不 帮她忙。他 只 看 电视,听 母亲 骂 姐姐。

Anna 去 看 床上 的 书。她 母亲 说对了,在 床上 有 一本 黄色的 书。就是 她的 历史 课本!Anna 很 高兴,因为 她 课本 找到了。她 说,「我 课本 找到了! 太好了! 可以 去 上学了!」她 把 课本 放在 背包里,就 去 上学。

到了 学校 的时候,Anna 见到 Sara。Sara 有 新 衣服。她买的衣服 是 Calvin Klein 的 衣服。是 蓝色 的。真的 太 漂亮! Anna 最 喜欢的 颜色 就是 蓝色。Anna 看着 衣服,对 Sara 说:「我 喜欢 你的 衣服。是 新 的 吗?」

Dànshì Don zhǐ shì zuò zài shāfā shàng. Tā bù huídá. Tā dōu bù bāng Anna zhǎo shū. Don zhǐ kàn diànshì. Tā bù bāng tā jiějie zhǎo shū. méibànfǎ! Anna hěn nánguò, yīnwèi tā mǔqīn chángcháng shēng tā de qì. mǔqīn shēngqì de shíhòu, tā dōu huì mà Anna. Anna hěn nánguò, yīnwèi tā dìdi dōu bù bāng tā máng. Tā zhǐ kàn diànshì, tīng mǔqīn mà jiějie.

Anna qù kàn chuáng shàng de shū. Tā mǔqīn shuō duì le, zài chuángshàng yǒu yīběn huángse de shū. jiùshì tāde lìshǐ kèběn! Anna hěn gāoxìng, yīnwèi tā kèběn zhǎo dào le. Tā shuō, 「wǒ kèběn zhǎo dào le! tài hǎo le! kěyǐ qù shàngxué le!」 tā bǎ kèběn fàngzài bēibāo lǐ, jiù qù shàngxué.

dàole xuéxiào de shíhòu, Anna jiàndào Sara. Sarayǒu xīn yīfú. Tā mǎi de yīfú shì Calvin Klein de yīfú. Shì lánsè de. Zhēnde tài piàoliang! Anna zuì xǐhuānde yánsè jiùshì lánsè. Anna kànzhe yīfú, duì Sara shuō: 「Wǒ xǐhuān nǐde yīfú. Shì xīnde ma？」

「是的，这件 是 新的。我 爸爸 给 我 钱 买 新 衣服。我 很 喜欢 新 衣服。这件 衣服 我 在 SuperBoutique 买 的。」

Anna 很 难过，因为 她 没有 新 衣服。她 难过，因为 她 没有 Calvin Klein 的 衣服。她 难过，因为 她 跟 家人 有 问题。但是 没办法!

Anna 去 上 中文 课。她的 中文 老师 很 好。老师 姓 王。王老师 教 中文 教了 十五 年 了。

王老师 跟 学生 说，有 一个 很 好的 机会。一个 Bethlehem 高中 的 学生 有 机会 去 台湾。学生 要 住在 台湾的 家庭。去台湾 都 不要钱，因为 学校 要付 飞机票。

下课 以后，Anna 去 跟 王老师 说话。Anna 跟 老师 说：「我 要 去 台湾! 我 喜欢 台湾。我 要 在台湾的 家庭 住 两个 月。」

Anna 很 高兴，因为 她 可能 有 机会 去台湾。她 要 去 台湾。她 要 住 台湾的 家庭。这样，她 在 美国 的 问题 都 没有 了!

「Shì de, zhèjiàn shì xīnde. Wǒ bàba gěi wǒ qián mǎi xīn yīfú. Wǒ hěn xǐhuān xīn yīfú. Zhèjiàn yīfú wǒ zài SuperBoutique mǎi de.」

Anna hěn nánguò, yīnwèi tā méiyǒu xīn yīfú. Tā nánguò, yīnwèi tā méiyǒu Calvin Klein de yīfú. Tā nánguò, yīnwèi tā gēn jiārén yǒu wèntí. Dànshì méibànfǎ!

Anna qù shàng zhōngwén kè. Tāde zhōngwén lǎoshī hěn hǎo. Lǎoshī xìng wáng. Wáng lǎoshī jiào zhōngwén jiāo le shíwǔ nián le.

Wáng lǎoshī gēn xuéshēng shuō, yǒu yīge hěn hǎo de jīhuì. Yīge Bethlehem gāozhōng de xuéshēng yǒu jīhuì qù táiwān. Xuéshēng yào zhùzài táiwān de jiātíng. Qù táiwān dōu búyào qián, yīnwèi xuéxiào yàofù fēijīpiào.

Xiàkè yǐhòu, Anna qù gēn Wáng lǎoshī shuōhuà. Anna gēn lǎoshī shuō : 「Wǒ yào qù táiwān! wǒ xǐhuān táiwān. Wǒ yào zài táiwān de jiātíng zhù liǎng gè yuè.」

Anna hěn gāoxìng, yīnwèi tā kěnéng yǒu jīhuì qù táiwān. Tā yào qù táiwān. Tā yào zhù táiwān de jiātíng. Zhèyàng, tā zài měiguó de wèntí dōu méiyǒu le!

王老师 说,「去 看看 你 父母亲 说 什麽!」

Anna 上了 黄色的 校车 回家。半个 小时 以后,她 爸爸 回家。Anna 很 高兴地 跟 爸爸 说:「王老师 是 我的 中文 老师。她 说,一个 Bethlehem 高中生 有 机会 去 台湾! 我 要 去 台湾。我 喜欢 台湾。我 要 看看 台湾。王老师 说,这是 一个 很 好的 机会。」

但是 Anna 的 父亲 不高兴。他 生气地 对 Anna 说:「有 一个 问题! 我 没有 钱! 没办法!」

Anna 跟 他 说:「爸爸,我们 不用 给钱。是 学校 给钱。这是 一个 很 好的 机会。爸爸,我 要 去 台湾!」

Anna 的 父亲 听到「学校 给钱」 的时候,他 就 很 高兴。他 跟 Anna 说:「学校 给钱 吗? 那麽,没有 问题 了! 你 当然 可以 去 台湾!」

Anna 很 高兴!!

Wáng lǎoshī shuō, 「Qù kànkàn nǐ fùmǔqīn shuō shénme!」

Anna shàngle huángse de xiàochē huíjiā. Bàngè xiǎoshí yǐhòu, tā bàba huíjiā. Anna hěn gāoxìng dì gēn bàba shuō: 「Wáng lǎoshī shì wǒde zhōngwén lǎoshī, Tā shuō, yīge Bethlehem gāozhōngshēng yǒu jīhuì qù táiwān! wǒ yào qù táiwān. Wǒ xǐhuān táiwān. Wǒ yào kànkàn táiwān. Wáng lǎoshī shuō, zhè shì yīge hěn hǎode jīhuì.」

Dànshì Anna de fùqīn bù gāoxìng. Tā shēngqì dì duì Anna shūo: 「Yǒu yīge wèntí! Wǒ méiyǒu qián! Méibànfǎ!」

Anna gēn tā shūo: 「Bàba, wǒmen búyòng gěiqián. Shì xuéxiào gěiqián. Zhè shì yīge hěn hǎode jīhuì. Bàba, wǒ yào qù táiwān!」

Anna de fùqīn tīngdào 「Xuéxiào gěiqián」 de shíhòu, tā jìu hěn gāoxìng. Tā gēn Anna shūo: 「Xuéxiào gěiqián ma ? Nàme, méiyǒu wèntí le! Nǐ dāngrán kěyǐ qù táiwān!」

Anna hěn gāoxìng!!

　　三个月以后，Anna 很高兴。她很高兴，因为她明天就要去台湾。今天是学校上课的最后一天。下课以后，Anna 跟王老师讲话。

　　老师跟 Anna 说：「Anna，台湾跟美国很不一样。在台湾，有一些家庭没有很多钱。有一些人没有车。但是这是一个很好的机会。」

　　Anna 回答说：「我很高兴! 我很高兴有这个机会! 谢谢您!」

　　要去台湾的那天，Anna 先去 Albany 的机场。她家人跟她去机场。Sara 和 Elsa 也跟 Anna 去机场。Albany 的机场很小。Anna 要先去 Newark，然后从 Newark 去台湾。

　　Anna 又难过又兴奋。她心里也有点怕。

dì sān zhāng

Sān ge yuè yǐhòu, Anna hěn gāoxìng. Tā hěn gāoxìng, yīnwèi tā míngtiān jiù yào qù táiwān. jīntiān shì xuéxiào shàngkè de zuì hòu yī tiān. Xiàkè yǐhòu, Anna gēn Wáng lǎoshī jiǎnghuà.

Lǎoshī gēn Anna shūo: 「Anna, táiwān gēn měiguó hěn bù yíyàng. Zài táiwān, yǒu yī xiē jiātíng méiyǒu hěnduō qián. Yǒu yī xiē rén méiyǒu chē. Dànshì zhè shì yīge hěn hǎode jīhuì.」

Anna huídá shūo: 「Wǒ hěn gāoxìng! Wǒ hěn gāoxìng yǒu zhè gè jīhuì! Xièxiè nín!」

Yàoqù táiwān de nàtiān, Anna xiān qù Albany de jīchǎng. Tā jiārén gēn tā qù jīchǎng. Sara hé Elsa yě gēn Anna qù jīchǎng. Albany de jīchǎng hěn xiǎo. Annayào xiān qù Newark, ránhòu cóng Newark qù táiwān.

Anna yòu nánguò yòu xīngfèn. Tā xīnlǐ yě yǒudiǎn pà.

她 看着 她家人 和 朋友。 她 拥抱了 父母。她 也 拥抱了 妹妹 和 两个 朋友。连 她弟弟 她 也 拥抱了。 大家 对 Anna 说「一路平安!」 然后 Anna 就 去 上飞机。

在 Newark， Anna 在 Terminal C 下飞机。她 坐飞机场 的 小火车 到 Terminal B。在 Terminal B 有 很多人。 他们 都 要 坐飞机 到 国外 去。有的人 要去 法国。有的 要去 日本。一个 穿 绿色 衣服 的 小姐 问 Anna，「你 要去 哪儿?」

Anna 跟 她 说，「我 要 去 台湾。」
小姐 跟 Anna 说，「这边请。」
Anna 说，「谢谢。」她 上了 飞机。

在 飞机上，Anna 先 吃了 晚饭。然后 她 看了 两部 电影。虽然 她 坐飞机 坐了 很久，但是 她 不累。有些人 在 睡觉，但是 Anna 睡不着。她 太高兴了。现在 她 真的 要去 台湾 了!

Tā kànzhe tā jiārén hé péngyǒu. Tā yōngbàole fùmǔ. Tā yě yōngbàole mèimei hé liǎng gè péngyǒu. Lián tā dìdi tā yě yōngbàole. Dàjiā duì Anna shuō 「yī lù píng ān!」 Ránhòu Anna jiù qù shàng fēijī. Zài Newark, Anna zài Terminal C xià fēijī. Tā zuò fēijīchǎng de xiǎo huǒchē dàoTerminal B. Zài Terminal B yǒu hěnduō rén. Tāmen dōu yào zuò fēijī dào guówài qù. Yǒude rén yàoqù fàguó. Yǒude yàoqù rìběn. Yīge chuān lǜsè yīfú de xiǎojiě wèn Anna, 「Nǐ yàoqù nǎr?」

Anna gēn tā shuō, 「Wǒ yào qù táiwān.」

Xiǎojiě gēn Anna shuō, 「Zhè biān qǐng.」

Anna shuō, 「xièxiè.」 Tā shàngle fēijī.

Zài fēijī shàng, Anna xiān chī le wǎnfàn. Ránhòu tā kànle liǎng bù diànyǐng. Suīrán tā zuò fēijī zuò le hěn yě, dànshì tā bù lèi. Yǒu xiē rén zài shuìjiao, dànshì Anna shuìbùzháo. Tā tài gāoxìng le. Xiànzài tā zhēnde yàoqù táiwān le!

十八个小时以后，Anna 到了台湾。她很高兴地下飞机。但是没有人在机场等她。她找五分钟，但是她都没有看到她的名字。高老师怎麼不在？Anna 心里很怕。怎麼办？

这时，Anna 看到一位台湾的女孩子在看她。

Anna 走过去。她心里很怕。她一个人在台湾。她坐了十八个小时的飞机。现在她很累。王老师告诉过她，一位「高老师」会来机场，但是高老师不见了。Anna 很怕。她不知道要怎麼办。

Anna 看着那个女孩子。她穿蓝色的校服，应该是十五六岁。那个女孩子用中文问 Anna：「请问，你是 Anna 吗？你会说中国话吗？」

Anna 很高兴地回答：「我会说一点点。对了，我是 Anna。我的中文老师说高老师要来，但是她不见了。我不知道怎麼办。」

Shíbā ge xiǎoshí yǐhòu, Anna dàole táiwān. Tā hěn gāoxìng dì xià fēijī. Dànshì méiyǒu rén zài jīchǎng děng tā. Tā zhǎo wǔ fēnzhōng, dànshì tā dōu méiyǒu kàndào tāde míngzì. Gāo láoshī zěnme bú zài? Anna xīnlǐ hěn pà. Zěnme bàn?

Zhèshí, Anna kàndào yīwèi táiwānde nǚháizǐ zài kàn tā.

Anna zǒuguòqù. Tā xīnlǐ hěn pà. Tā yīge rén zài táiwān. Tā zuòle shíbā ge xiǎoshí de fēijī. Xiànzài tā hěn lèi. Wáng lǎoshī gàosù guò tā, yī wèi「Gāo láoshī」huì lái jīchǎng, dànshì Gāo láoshī bújiàn le. Anna hěn pà. Tā bù zhīdào yào zěnme bàn.

Anna kànzhe nàgè nǚháizǐ. Tā chuān lánsè xiàofú, yīnggāi shì shí wǔ liù suì. Nàgè nǚháizǐ yòng zhōngwén wènAnna:「Qǐngwèn, nǐ shì Anna ma? Nǐ huì shuō zhōngguó huà ma?」

Anna hěn gāoxìng dì huídá:「Wǒ huì shuō yī diǎndiǎn. Duì le, wǒ shìAnna. Wǒde zhōngwén lǎoshī shuō gāo láoshī yàolái, dànshì tā bújiàn le. Wǒ bù zhīdào zěnme bàn.」

那位 台湾女孩子 说，「还好 你 会 说中文，我的 英语 不太好! 我 姓张。我的 名字 叫 张明丽。高老师 就是 我的 母亲。她 在 外面 等 我们。这儿 没办法 停车，所以 我 就 进来 找 你。很 高兴 认识 你! 我们 去 找 妈妈 吧!」

Anna 说：「我 也 很 高兴!」但是 她 心里 很 害怕。张明丽 说话 说得 很 快! Anna 只 听懂了 「很 高兴 认识 你」。别的 话 她 都 听不懂。她 怕 她 没办法 听懂 台湾人 说的 话。他们 说的 中文 跟 王老师 的 中文 不一样。但是 Anna 记得 王老师 的 话。王老师 说：「如果 你 听不懂，你 要 说，『对不起，我 听不懂。请 再说一遍。』」老师 也 说，如果 有人 讲得 太快，只 要 说「请 说 慢一点!」

张明丽 开始 说话。Anna 听不懂。所以 她 对 张明丽 说：「请说 慢一点。」

张明丽 说：「对不起! 我 说，我 妈妈 在 外面。我们 去 外面，好吗？」

Anna 很 高兴。她 听懂了!

Nàwèi táiwān nǚháizǐ shuō, 「Háihǎo nǐ huì shuō zhōngwén, wǒde yīngyǔ bútài hǎo! Wǒ xìng Zhāng. Wǒde míngzì jiào zhāng Mínglì. Gāo láoshī jiùshì wǒde mǔqīn. Tā zài wàimiàn děng wǒmen. Zhèr méibànfǎ tíngchē, suǒyǐ wǒ jiù jìnlái zhǎo nǐ. hěn gāoxìng rénshi nǐ! Wǒmen qù zhǎo māma ba!」 Anna shūo: 「Wǒ yě hěn gāoxìng!」 Dànshì tā xīnlǐ hěn hàipà. Zhāng Mínglì shuōhuà shuō dé hěn kuài! Anna zhǐ tīngdǒng le 「hěn gāoxìng rénshi nǐ」. Biéde huà tā dōu tīngbùdǒng. Tā pà tā méibànfǎ tīngdǒng táiwān rén shuō de huà. Tāmen shuō de zhōngwén gēn wáng lǎoshī de zhōngwén bù yíyàng. Dànshì Anna jìdé wáng lǎoshī de huà. Wáng lǎoshī shūo: 「Rúguǒ nǐ tīngbùdǒng, nǐ yào shuō, 『Dùi bù qǐ, wǒ tīngbùdǒng. Qǐng zài shuō yībiān.』」 Lǎoshī yě shuō, rúguǒ yǒu rén jiǎng dé tài kuài, zhǐ yào shuō 「Qǐng shuō màn yī diǎn!」

Zhāng Mínglì kāishǐ shuōhuà. Anna tīngbùdǒng. Suǒyǐ tā duì Zhāng Mínglì shuō: 「Qǐng shuō màn yī diǎn.」

Zhāng Mínglì shūo: 「Duìbùqǐ! Wǒ shuō, wǒ māma zài wàimiàn. Wǒmen qù wàimiàn, hǎoma ？」

Anna hěn gāoxìng. Tā tīngdǒng le!

两个 女孩子 走到 外面 去。Anna 很 高兴。她 找到了 高老师。她 听懂了 张明丽 说的话。

在 外面 有 一辆 绿色的 车。车上 有 三个 人。一个 女人 下了车。她 四十五 岁 左右。

「你 就是 Anna 吧! 我 是 张 太太。明丽，快 把 Anna 的 行李 放在 车上。」

Anna 不懂。张明丽 不是 说 她 妈妈 是 高老师 吗？「我 不懂。你 是 高老师，还是 张太太？」

张明丽 回来了，跟 Anna 说，「啊! 我 知道 了! 我的 父亲 姓 张，所以 母亲 就是 张太太。但是 我 母亲 结婚 以前，她 就 叫 高小姐。在 台湾，她 结婚 以后，就是 张太太，但是 她 还是 高小姐。因为 她 是 老师，所以 很多人 叫 她 高老师。」

Anna 说，「啊! 我 懂了! 在 台湾，一个 女 人 结婚 以后，就 有 两个 姓 了! 」

Anna 和 明丽 上车。高老师 对 Anna 说，「这是 我先生，张先生。」

Liǎng gè nǚháizǐ zǒudào wàimiàn qù. Anna hěn gāoxìng. Tā zhǎo dào le gāo láoshī. Tā tīngdǒng le zhāng Mínglì shuō de huà.

Zài wàimiàn yǒu yīliàng lǜsè de chē. chēshàng yǒu sān ge rén. Yīge nǚrén xià le chē. Tā sìshíwǔ suì zuǒyòu.

「Nǐ jiùshì Anna ba! Wǒ shì Zhāng tàitài. Mínglì, kuài bǎ Anna de xínglǐ fàngzài chēshàng.」

Anna bù dǒng. Zhāng Mínglì búshìshuō tā māma shì Gāo láoshī ma? 「Wǒ bù dǒng. Nǐ shì Gāo láoshī, háishì Zhāng tàitai?」

Zhāng Mínglì huílái le, gēn Anna shuō, 「A! Wǒ zhīdào le! Wǒde fùqīn xìng Zhāng, suǒyǐ mǔqīn jiùshì Zhāng tàitai. Dànshì wǒ mǔqīn jiéhūn yǐqián, tā jiù jiào Gāo xiǎojiě. Zài táiwān, tā jiéhūn yǐhòu, jiùshì Zhāng tàitai, dànshì tā háishì Gāo xiǎojiě. Yīnwèi tā shì lǎoshī, suǒyǐ hěnduō rén jiào tā Gāo láoshī.」

Anna shuō, 「A! Wǒ dǒng le! Zài táiwān, yīge nǚrén jiéhūn yǐhòu, jiù yǒu liǎng gè xìng le!」

Anna hé Mínglì shàngchē. Gāo láoshī duì Anna shuō, 「Zhè shì wǒ xiānshéng, Zhāng xiānshéng.」

张先生 说，「Anna，很 高兴 认识 你。」

Anna 记得 要 说，「张先生，您好。」

张先生 说，「你 可以 叫 我 张叔叔。明丽 的 朋友 都 叫 我 张叔叔。」

张太太 开车 上 高速公路。她 看着 Anna，跟 Anna 说，「我们 要 走 高速公路 到 高雄，然后 开到 屏东。我们 家 在 屏东。」

Anna 虽然 不懂，但是 她 笑了。她 跟 张太太 说，「好。」她 很 高兴。她 有 新的 朋友。她 到了 台湾。什麼 都 很 好 了。

Zhāng xiānshéng shuō, 「Anna, hěn gāoxìng
rénshi nǐ.」

Anna jìdé yào shuō, 「Zhāng xiānshéng, nǐ
hǎo.」

Zhāng xiānshéng shuō, 「Nǐ kěyǐ jiào wǒ Zhāng
shūshu. Mínglì de péngyǒu dōu jiào wǒ Zhāng
shūshu.」

Zhāng tàitai kāichē shàng gāosù gōnglù. Tā
kànzhe Anna, gēn Anna shuō, 「Wǒmen yào zǒu
gāosù gōnglù dào gāoxióng, ránhòu kāidào
píngdōng. Wǒmen jiā zài píngdōng.」

Anna suīrán bù dǒng, dànshì tā xiàole. Tā gēn
Zhāng tàitai shuō, 「Hǎo.」 Tā hěn gāoxìng. Tā yǒu
xīnde péngyǒu. Tā dàole táiwān. Shénme dōu hěn
hǎo le.

第四章

在车上，大家都在讲话。

张明丽说，「我的家人都很好。我父亲姓张，名字叫张君义。我母亲的名字叫张高一萍。他们有两个女儿和两个儿子。我的名字叫张明丽。我姐姐的名字叫张明美。两个弟弟叫张明君和张明智。明美今年十六岁。我十四岁。明君十一岁，而明智八岁。」

Anna看着大家。他们都在讲话。他们讲话讲得很快。Anna听不懂他们的话。她想要听懂，但是她听不懂。她很怕，因为她什麼都听不懂。她很怕，因为她要跟台湾人住两个月，但是她都听不懂。

到了屏东，大家都下了车。张家的房子是灰色的。外面很难看。

张先生说，「不要怕。台湾人的房子外面常常难看，但是里面很好。」

Zài chēshàng, dàjiā dōu zài jiǎnghuà.

Zhāng Mínglì shuō, 「Wǒde jiārén dōu hěn hǎo.

Wǒ fùqīn xìng Zhāng, míngzì jiào Zhāng jūnyì. Wǒ

mǔqīn de míngzì jiào Zhāng Gāo Yīpíng. Tāmen yǒu

liǎng gè nüér hé liǎng gè érzi. Wǒde míngzì jiào

zhāng Mínglì. Wǒ jiějie de míngzì jiào zhāng

Míngměi. Liǎng gè dìdi jiào zhāng Míngjūn hé zhāng

Míngzhì. Míngměi jīnnián shílìu suì. Wǒ shísì suì.

Míngjūn shíyī suì, ér Míngzhì bā suì.」

Anna kànzhe dàjiā. Tāmen dōu zài jiǎnghuà.

Tāmen jiǎnghuà jiǎng dé hěn kuài. Anna

tīngbùdǒng tāmen de huà. Tā xiǎngyào tīngdǒng,

dànshì tā tīngbùdǒng. Tā hěn pà, yīnwèi tā shénme

dōu tīngbùdǒng. Tā hěn pà, yīnwèi tā yào gēn

táiwān rén zhù liǎng gè yuè, dànshì tā dōu

tīngbùdǒng.

Dàole píngdōng, dàjiā dōu xià le chē. Zhāng jiā

de fángzi shì huīsè de. Wàimiàn hěn nánkàn.

Zhāng xiānshéng shuō, 「Búyào pà. Táiwān rén

de fángzi wàimiàn chángcháng nánkàn, dànshì

lǐmiàn hěn hǎo.」

高老师 说：「欢迎 来 我们家。虽然 我们的 房子 小，但是 我们 欢迎 你。请 不要 客气。」

Anna 笑了，因为 她 听懂了「不要客气」。张明丽 和 张明美 也 会说 一点 英文。因为 Anna 会说 一点 中文，三个 女孩子 可以 讲话。

三个 女孩子 去 卧室。

「你 今年 几岁？你 有 男朋友 吗？你 喜欢 你的 学校 吗？你 喜欢 成龙 的 电影 吗？」

Anna 说：「不好意思。我 听不懂。请说 慢一点。」

张明丽 慢慢地 问：「你 几岁？」

Anna 听懂了。她 很 高兴。她 说，「我 今年 十五岁。」

张明美 问：「你 有 男朋友 吗？」

Anna 回答 说，「没有。你们 呢？」

两个 女孩子 都 笑了。明丽 说，「当然 没有！我们 现在 要 好好读书。快要 考大学 了！我们 没 时间。」

Gāo láoshī shūo: 「Huānyíng lái wǒmen jiā.
Suīrán wǒmende fángzi xiǎo, dànshì wǒmen
huānyíng nǐ. Qǐng búyào kèqì.」

Anna xiàole, yīnwèi tā tīngdǒng le 「búyào
kèqì」. Zhāng Mínglì hé zhāng Míngměi yě huì
shuō yī diǎn yīngwén. Yīnwèi Anna huì shuō yī diǎn
zhōngwén, sān ge nǚháizǐ kěyǐ jiǎnghuà.

Sān ge nǚháizǐ qù wòshì.

「Nǐ jīnnián jǐ suì? Nǐ yǒu nán péngyǒu ma?
Nǐ xǐhuān nǐde xuéxiào ma? Nǐ xǐhuān Chéng Lóng
de diànyǐng ma?」

Anna shūo: 「Bùhǎo yìsi. Wǒ tīngbùdǒng. Qǐng
shuō màn yīdiǎn.」

Zhāng Mínglì mànmàn dì wèn: 「Nǐ jǐ suì?」

Anna tīngdǒng le. Tā hěn gāoxìng. Tā shuō,
「Wǒ jīnnián shíwǔ suì.」

Zhāng Míngměi wèn: 「Nǐ yǒu nán péngyǒu
ma?」

Anna huídá shuō, 「Méiyǒu. Nǐmen ne?」

Liǎng gè nǚháizǐ dōu xiàole. Mínglì shuō,
「Dāngrán méiyǒu! Wǒmen xiànzài yào hǎohāo
dúshū. Kuài yào kǎo dàxué le! Wǒmen méi shíjiān.」

张明丽 问 Anna：「你 喜欢 你的 学校 吗？」

「我 很 喜欢。我的 学校 很 好。学校 叫 Bethlehem 高中。」

张明美 问：「你 喜欢 成龙 的 电影 吗？」

Anna 回答：「成龙 在 美国 很 有名。我 喜欢 他的 电影。我 喜欢 Rush Hour 4 和 Kung Fu Panda。」

张明丽 问 Anna：「你 家人 开 SUV 吗？」

Anna 说，「太贵了! 我 家人 开 旧车。不 是 SUV。我们 的 钱 不多。」

张明美 说，「在 台湾，有钱的人 开 SUV 或 Benz。但是 我们家 没有 新车。我 朋友 的 父母 都 没有 车。很多 台湾 家庭 都 没有 汽车。他们 骑 摩托车。

Anna 对 她 说：「不好意思。请你 再说一遍。」

Zhāng Mínglì wèn Anna: 「Nǐ xǐhuān nǐde xuéxiào ma？」

「Wǒ hěn xǐhuān. Wǒde xuéxiào hěn hǎo. Xuéxiào jiào Bethlehem gāozhōng.」

Zhāng Míngměi wèn: 「Nǐ xǐhuān chénglóng de diànyǐng ma？」

Anna huídá: 「Chéng Lóng zài měiguó hěn yǒumíng. Wǒ xǐhuān tāde diànyǐng. Wǒ xǐhuān Rush Hour 4 hé Kung Fu Panda.」

Zhāng Mínglì wèn Anna : 「Nǐ jiārén kāi SUV ma？」

Anna shuō, 「Tài guì le! Wǒ jiārén kāi jiù chē. Bù shì SUV. Wǒmen de qián bùduō.」

Zhāng Míngměi shuō, 「Zài táiwān, yǒuqián de rén kāi SUV huò Benz. Dànshì wǒmen jiā méiyǒu xīn chē. Wǒ péngyǒu de fùmǔ dōu méiyǒu chē. Hěn duō táiwān jiātíng dōu méiyǒu qìchē. Tāmen qí mótuōchē.

Anna duì tā shūo: 「Bùhǎo yìsi. Qǐng nǐ zài shuō yībiān.」

张明美 把 她 说的话 再说了一遍，但是 这次 她 说得很慢。Anna 很 高兴，因为 现在 她 听懂 了。她 知道 很 多 台湾家庭 都 没有 汽车。

在 张家，两个 女儿 有 一间房间。她们的 床 在 地板 上。父母亲 有 第二间房间。他们 有 双 人床。两个 儿子 有 一间 很 小的 房间。他们 的 床 也 在 地板 上。

Anna 问 他们 很 多 问题。「你们 夏天 要 去 学校 吗？」

「不，我们的 学年 是 从 九月 到 六月。我 们 每年 上 九 个 月 的 课。」

Anna 问 明丽，「你 在 学校 上 什麼 课？」

明丽 回答说，「我 上 国语、英文、数学、自然、和 历史。我们 还有 体育课。」

「你 有 很多 朋友 吗？她们 也 都 上 你的 学 校 吗？」

Anna 、明美 和 明丽 讲话 讲了 三个 小时。Anna 听懂了 很 多。她 很 高兴 。Anna 喜欢 张 家。她 喜欢 台湾。

Zhāng Míngměi bǎ tā shuō de huà zài shuōle yī bīan, dànshì zhè cì tā shuō dé hěnmàn. Anna hěn gāoxìng, yīnwèi xiànzài tā tīngdǒng le. Tā zhīdào hěn duō táiwān jiātíng dōu méiyǒu qìchē.

Zài Zhāng jiā, liǎng gè nüěr yǒu yī jiān fángjiān. Tāmen de chuáng zài dìbǎn shàng. Fùmǔqīn yǒu dìèrjiān fángjiān. Tāmen yǒu shuāngrénchuáng. Liǎng gè érzi yǒu yī jiān hěn xiǎo de fángjiān. Tāmen de chuáng yě zài dìbǎn shàng.

Anna wèn tāmen hěnduō wèntí. 「Nǐmen xiàtiān yàoqù xuéxiào ma? 」

「Bù, wǒmende xuénián shì cóng jǐu yuè dào lìu yuè. Wǒmen měinián shàng jiǔ ge yuè de kè.」

Anna wèn Mínglì, 「Nǐ zài xuéxiào shàng shénme kè? 」

Mínglì huídá shuō, 「Wǒ shàng guóyǔ、yīngwén、shùxué、zìrán hé lìshǐ. Wǒmen háiyǒu tǐyùkè.」

「Nǐ yǒu hěnduō péngyǒu ma? Tā men yě dōu shàng nǐde xuéxiào ma? 」

Anna、Míngměi hé Mínglì jiǎnghuà jiǎng le sān ge xiǎoshí. Anna tīngdǒng le hěn duō. Tā hěn gāoxìng . Anna xǐhuān zhāng jiā. Tā xǐhuān táiwān.

第五章

第二天，Anna 早上 八 点钟 起床。明美 和明丽 七 点钟 就 起床。她们 说，「Anna 早! 你起床了! 我们 到 外面 去 吧! 我们 在 外面 吃 早餐。」

在 张家 的 对面 有 一些 小摊子。一个 卖 早点。Anna 看着 台湾 的 早点。她 看不懂 上面的中文字。但是 早点 不贵。

明丽 问 Anna，「你 喝 什麽？喝 这个 吧!」她 给 Anna 一个 塑胶袋。塑胶袋 里 有 吸管。Anna 说：「这 不是 牛奶 吧!」

明美 说，「对啊。那 是 豆浆。在 台湾，牛 不多。很多 台湾人 早上 都 喜欢 喝 豆浆。」

三个 女孩子 走到 公园。公园 叫「中山公园」。人 很多。有的 人 在 运动。他们 的 运动 跟 美国 的 运动 不一样。Anna 说：「那 是不是 太极拳？」

dì wǔ zhāng

Dì èr tiān, Anna zǎoshàng bā diǎnzhōng qǐchuán. Míngměi hé Mínglì qī diǎnzhōng jìu qǐchuán. Tā men shuō, 「Anna zǎo! nǐ qǐchuáng le! Wǒmen dào wàimiàn qù ba! Wǒmen zài wàimiàn chī zǎocān.」

Zài zhāng jiā de duìmiàn yǒu yī xiē xiǎotànzi. Yīge mài zǎodiǎn. Anna kànzhe táiwānde zǎodiǎn. Tā kànbùdǒng shàngmiàn de zhōngwén zì. Dànshì zǎodiǎn bú guì.

Mínglì wèn Anna, 「Nǐ hē shénme? Hē zhè gè ba!」 Tā gěi Anna yīge sùjiāodài. Sùjiāodài lǐ yǒu xīguǎn. Anna shuō: 「zhè búshì níunǎi ba!」

Míngměi shuō, 「Duì a. Nà shì dòujiāng. Zài táiwān, níu bùduō. Hěnduō táiwān rén zǎoshàng dōu xǐhuān hē dòujiāng.」

Sān ge nǚháizǐ zǒudào gōngyuán. Gōngyuán jiào 「zhōngshān gōngyuán」. Rén hěnduō. Yǒude rén zài yùndòng. Tāmen de yùndòng gēn měiguó de yùndòng bù yíyàng. Anna shuō: 「nà shì búshì tàijíquán? 」

明丽 说，「对啊! 他们 在 练 太极拳。很多人 早上 来 公园 练太极拳。」

三个 女孩 继续 走路。她们 听到 音乐。她们 看到 四五十 个 人，都 在 跳舞。有的 女人 跟 女人 跳舞。有 一个 人 手中 有 麦克风。他 告诉 大家 要 怎麽 跳舞。人人 都 在 笑。有人 用 英文 叫 「Hello! Hello!」。Anna 觉得 很 奇怪。有人 在 公园 里 跳舞!

三个 女孩子 上 公车 到 城里 去。她们 去 超市。超市 有 英文 名字，叫「Wellcome」。超市 里 有 很多 食物。有 中国 的 食物，也 有 日本 的 食物。有的 食物 跟 美国 的 食物 很 不一样。Anna 看到 很 多 水果。有 一些 跟 美国 的 水果 一样。有 香蕉 和柳橙。这些 水果 不贵。还有 苹果。苹果 又大又漂亮，但是 很 贵。一个 苹果 要 NT$100!

靠近 大门 有 衣服、CD、DVD 等等。有 美国 汽水、台湾 汽水、和 茶。Anna 什麽 都 不买，因为 她 没有 台湾 的 钱。

Mínglì shuō, 「Duì a! Tāmen zài liàn tàijíquán.
Hěnduō rén zǎoshàng lái gōngyuán liàn tàijíquán.」
Sān ge nǚhái jìxù zǒulù. Tā men tīngdào yīnyuè.
Tā men kàndào sìwǔshí ge rén, dōu zài tiàowǔ.
Yǒude nǚrén gēn nǚrén tiàowǔ. Yǒu yīge rén
shǒuzhōng yǒu màikèfēng. Tā gàosù dàjiā yào
zěnme tiàowǔ. Rénrén dōu zài xiào. Yǒu rén yòng
yīngwén jiào 「Hello! Hello!」. Anna juédé hěn
qíguài. Yǒu rén zài gōngyuán lǐ tiàowǔ!
Sān ge nǚháizǐ shàng gōngchē dào chénglǐ qù.
Tā men qù chāoshì. Chāoshì yǒu yīngwén míngzì,
jiào 「Wellcome」. Chāoshì lǐ yǒu hěnduō shíwù.
Yǒu zhōngguó de shíwù, yě yǒu rìběn de shíwù.
Yǒude shíwù gēn měiguó de shíwù hěn bù yíyàng.
Anna kàndào hěn duō shuǐguǒ. Yǒu yī xiē gēn
měiguó de shuǐguǒ yíyàng. Yǒu xiāngjiāo hé licheng.
Zhè xiē shuǐguǒ bú guì. Háiyǒu píngguǒ. Píngguǒ
yòu dà yòu piàoliáng, dànshì hěn guì. Yīge píngguǒ
yào NT$100!
Kàojìn dàméng yǒu yīfú、CD、DVD děngděng.
Yǒu měiguó qìshuǐ、táiwān qìshuǐ、hé chá. Anna
shénme dōu bù mǎi, yīnwèi tā méiyǒu táiwān de
qián.

三个 女孩子 去 银行。银行 叫「台湾 银行」。Anna 有 一百块 美金。她 把钱 给 银行 的 小姐。小姐 给 Anna 台湾的钱。Anna 很 高兴，因为 她 有 台湾 的 钱 了。

三个 女孩子 继续 走路。她们 看到 卖包子 的 人。Anna 现在 有 台湾 的 钱 了。她 买 一个 包子。包子 要 十五 块钱。Anna 把 包子 吃完 以后，跟 卖包子的人 说：「你的 包子 很 好吃! 我 很 喜欢。包子 比 美国的 早饭 好吃!」明丽 和 明美 也 吃 包子。

三个 女孩子 回家。到了家 以后，明美 要 听 音乐。她 有 一些 新的 CD。她 放 CD。声音 很 大。母亲 听到 音乐 就 大声地 叫：「明美! 明丽! 音乐 声音 太大了。把 音量 关小。快一点，听见 了没有？」

Anna 觉得 很 奇怪。张太太 跟 Anna 的 母亲 一样，也 会 骂 她的 女儿!

Sān ge nǚháizǐ qù yínháng. Yínháng jiào 「táiwān yínháng」. Anna yǒu yī bǎi kuài měijīn. Tā bǎqián gěi yínháng de xiǎojiě. Xiǎojiě gěiAnna táiwāndeqián. Anna hěn gāoxìng, yīnwèi tā yǒu táiwānde qián le.

Sān ge nǚháizǐ jìxù zǒulù. Tā men kàndào màibāozǐ de rén. Anna xiànzài yǒu táiwān de qián le. Tā mǎi yīge bāozǐ. Bāozǐ yào shíwǔ kuài qián. Anna bǎ bāozǐ chīwán yǐhòu, gēn màibāozǐ de rén shūo: 「Nǐde bāozǐ hěn hǎochī! Wǒ hěn xǐhuān. Bāozǐ bǐ měiguó de zàofàn hǎochī!」 Míngli hé Míngměi yě chī bāozǐ.

Sān ge nǚháizǐ huíjiā. Dào le jiā yǐhòu, Míngměi yào tīng yīnyuè. Tā yǒu yī xiē xīnde CD. tā fàng CD. Shēngyīn hěn dà. mǔqīn tīngdào yīnyuè jìu dàshēng dì jiào: 「Míngměi! Mínglì! Yīnyuè shēngyīn tài dà le. Bǎ yīnliàng guān xiǎo. Kuài yī diǎn, tīngjìan le méiyǒu？」

Anna juédé hěn qíguài. Zhāng tàitai gēn Anna de mǔqīn yíyàng, yě huì mà tāde nüěr!

晚上 大家 在一起 看电视。Anna 也 看电视。她 听懂 一点点。Anna 很 累，所以 她 十点 就睡觉了。

Wǎnshàng dàjiā zài yīqǐ kàn diànshì. Anna yě kàn diànshì. Tā tīngdǒng yī diǎndiǎn. Anna hěn lèi, suǒyǐ tā shí diǎn jiu shuìjiao le.

第六章

第三天 早上，Anna 很 早 就 起床，一个人
去 公园。在 公园，她 认识 一个女孩子。虽然 那
个 女孩子 是 台湾人，但是 她 喜欢 用 英文名字。
她的 英文名字 叫 Patricia。她 人很好。她 请
Anna 去 她的 家。两个 女孩子 先 看 太极拳 和 跳
舞的人 看了 一个 小时，然后 走到 Patricia 的 家。

Patricia 打开 大门。Patricia 和 Anna 走进
去。Patricia 的 母亲 听到 她们 进来。她 大声地
叫：「Patricia，你的 书 都 在 地板 上! 快 把 书 放
在 书桌 上 吧!」

「好啦，好啦。我 马上 去。妈妈，你 看!
我 有 一个 新朋友。她 叫 Anna。Anna 是 美国
人。她 要 在 台湾 住 两个 月。」

Patricia 的 母亲 走到 她们 那里，看到
Anna。然后 她 问 Patricia：「她 会 说 国语 吗?
」Patricia 点了头。她 母亲 跟 Anna 说，「很 高兴
认识 你。欢迎 来 台湾。」

dì liù zhāng

Dìsāntiān zǎoshàng, Anna hěn zǎo jìu qǐchuán, yī ge rén qù gōngyuán. Zài gōngyuán, tā rénshi yīge nǚháizǐ. Suīrán nàgè nǚháizǐ shì táiwān rén, dànshì tā xǐhuān yòng yīngwén míngzi. Tāde yīngwén míngzi jiào Patricia. Tā rén hěnhǎo. Tā qǐng Anna qù tāde jiā. Liǎng gè nǚháizǐ xiān kàn tàijíquán hé tiàowǔ de rén kànle yīge xiǎoshí, ránhòu zǒudào Patricia de jiā.

Patricia dǎkāi dàméng. Patricia hé Anna zǒujìnqù. Patricia de mǔqīn tīngdào tā men jìnlái. Tā dàshēng dì jiào: 「Patricia, nǐde shū dōu zài dìbǎn shàng! kuài bǎ shū fàngzài shuōzhuō shàng ba!」

「Hǎo lā, hǎo lā. Wǒ mǎshàng qù. Māma, nǐ kàn! Wǒ yǒu yīge xīn péngyǒu. Tā jiào Anna. Anna shì měiguó rén. Tā yào zài táiwān zhù liǎng gè yuè.」

Patricia de mǔqīn zǒudào tā men nàlǐ, kàndào Anna. Ránhòu tā wèn Patricia: 「Tā huì shuō guóyǔ ma？」 Patricia diǎn le tóu. Tā mǔqīn gēn Anna shuō, 「Hěn gāoxìng rénshi nǐ. Huānyíng lái táiwān.」

Anna 说，「谢谢 您。我 也很 高兴。」

Anna 和 Patricia 去 一个 茶馆。茶馆 很 漂亮。很多人 在那里 喝茶。两个 女孩子 点了 茶。Patricia 喝 绿茶。Anna 喝 珍珠奶茶。Anna 的 茶 很 甜。珍珠奶茶 跟 Anna 在 美国 喝过的 茶 不一样，但是 她 喜欢。两个 朋友 用 中文 讲话。有 很多 话 Anna 都 听不懂，但是 也 有 很多 话 她 听得懂。

Patricia 问 Anna 说，「你 喜欢 台湾 吗？」

Anna 回答 说：「我 很 喜欢。但是，我的 中国话 不太好。我 要 学好 中国话，但是 我 在 台湾 的 时间 不多。」

「你 喜欢 台湾的 音乐 吗？」

「我很 喜欢。我 喜欢 中文歌。我 什麽 音乐 都 喜欢。我 也 喜欢 跳舞。在这儿 有没有 地方 可以 跳舞？」

「有。我的 同学 常常 开派对。我们 也 喜欢 跳舞。」

Anna shuō, 「Xièxiè nín. Wǒ yě hěn gāoxìng.」
Anna hé Patricia qù yīge cháguǎn. Cháguǎn hěn
piàoliang. Hěnduō rén zài nàlǐ hē chá. Liǎng gè
nǚháizǐ diǎn le chá. Patricia hē lǜchá. Anna hē
zhēnzhū nǎichá. Anna de chá hěn tián. Zhēnzhū
nǎichá gēn Anna zài měiguó hē guò de chá bù
yíyàng, dànshì tā xǐhuān. Liǎng gè péngyǒu yòng
zhōngwén jiǎnghuà. Yǒu hěnduō huà Anna dōu
tīngbùdǒng, dànshì yě yǒu hěnduō huà tā tīng dé
dǒng.
　　　Patricia wèn Anna shuō, 「Nǐ xǐhuān táiwān
ma?」
　　　Anna huídá shūo: 「Wǒ hěn xǐhuān. Dànshì,
wǒde zhōngguó huà bútài hǎo. Wǒ yào xuéhǎo
zhōngguó huà, dànshì wǒ zài táiwān de shíjiān
bùduō.」
　　　「Nǐ xǐhuān táiwānde yīnyuè ma?」
　　　「Wǒ hěn xǐhuān. Wǒ xǐhuān zhōngwén gē. Wǒ
shénme yīnyuè dōu xǐhuān. Wǒ yě xǐhuān tiàowǔ.
Zài zhèr yǒu méiyǒu dìfāng kěyǐ tiàowǔ?」
　　　「Yǒu. Wǒde tóngxué chángcháng kāi pàiduì.
Wǒmen yě xǐhuān tiàowǔ.」

Patricia 继续 问：「中国菜 你 吃得习惯 吗？」

「我 很 喜欢。我 喜欢 包子，也 喜欢 豆浆。在 美国 也 有 人 喝 豆浆。我们 去 超市 买。但 是 我 最喜欢 的 是 幸运饼。」

Patricia 问：「幸运饼 是 什麼？」

「幸运饼 是 甚麼？ 是 一种 饼。里面 有 一 条 纸。在 中国 饭馆，你 吃完了 饭 以后，他们 都 会 给 你 幸运饼。你 是 说，台湾 没有 幸运饼 吗？」Anna 觉得 很 奇怪。

Patricia 说，「没有。幸运饼 我 没看过。」

Patricia 问：「你们 美国人 还有 什麼 好吃 的 东西？」

Anna 回答说：「我们 常常 吃 汉堡包、水 果、马铃薯。好吃 的 东西 很多。」

Patricia 说，「我 也 喜欢 汉堡包。」

Patricia 问 Anna：「你的 学校 叫 什麼 名 字？是 好的 学校 吗？学校 怎麼样？」

Patricia jìxù wèn:「Zhōngguó cài nǐ chīdé xíguàn ma?」

「Wǒ hěn xǐhuān. Wǒ xǐhuān bāozǐ, yě xǐhuān dòujiāng. Zài měiguó yě yǒu rén hē dòujiāng. Wǒmen qù chāoshì mǎi. Dànshì wǒ zuì xǐhuān de shì xìngyùn bǐng.」

Patricia wèn:「Xìngyùn bǐng shì shénme?」

「Xìngyùn bǐng shì shénme? Shì yī zhǒng bǐng. Lǐmiàn yǒu yītiáo zhǐ. Zài zhōngguó fànguǎn, nǐ chī wán le fàn yǐhòu, tāmen dōu huì gěi nǐ xìngyùn bǐng. Nǐ shì shuō, táiwān méiyǒu xìngyùn bǐng ma?」Anna juédé hěn qíguài.

Patricia shuō,「Méiyǒu. Xìngyùn bǐng wǒ méi kànguò.」

Patricia wèn:「Nǐmen měiguó rén háiyǒu shénme hǎochī de dōngxī?」

Anna huídá shuō:「Wǒmen chángcháng chī hànbǎobāo、shuǐguǒ、mǎlíngshǔ. Hǎochī de dōngxī hěnduō.」

Patricia shuō,「Wǒ yě xǐhuān hànbǎobāo.」

Patricia wèn Anna:「Nǐde xuéxiào jiào shénme míngzi? Shì hǎode xuéxiào ma? Xuéxiào zěnme yàng?」

「我的 学校 叫 Bethlehem 高中。学校 在 Delmar。我 很 喜欢 学校，也 喜欢 老师。你的 学校 怎麼样？」

Patricia 回答说，「我们 的 学校 也 是 高中，但是 它 是 女校。在 学校 只有 女孩子，没有 男孩子。我的 学校 不错。我们 都 穿 校服。」

「我们 不 穿 校服。你 喜欢 穿 校服 吗？」

Patricia 说，「是的。我们 都 喜欢 穿 校服。所有的 学生 都 穿 校服。我们 不需要 买 很 贵的 衣服。我们的 衣服 也 都 一样。这是 我们的 习惯。」

「在 Bethlehem 高中 男女同学 都有。我们 每天 都 有 八堂课。每个 学生 都 上 不同的 课。」

「我们的 学校 不一样。我 都 跟 同班同学 在一起 上课。每堂课 都 是 这样。」

「Wǒde xuéxiào jiào Bethlehem gāozhōng.
Xuéxiào zài Delmar. Wǒ hěn xǐhuān xuéxiào, yě
xǐhuān lǎoshī. Nǐde xuéxiào zěnme yàng？」
　　Patricia huídá shuō,「Wǒmen de xuéxiào yě shì
gāozhōng, dànshì tā shì nǚxiào. Zài xuéxiào zhǐ yǒu
nǚháizǐ, méiyǒu nánháizi. Wǒde xuéxiào búcuò.
Wǒmen dōu chuān xiàofú.」
　　「Wǒmen bù chuān xiàofú. Nǐ xǐhuān chuān
xiàofú ma？」
　　Patricia shuō,「Shì de. Wǒmen dōu xǐhuān
chuān xiàofú. Suǒyǒu de xuéshēng dōu chuān
xiàofú. Wǒmen bù xūyào mǎi hěn guì de yīfú.
Wǒmende yīfú yě dōu yíyàng. Zhè shì women de
xíguàn.」
　　　「Zài Bethlehem gāozhōng nánnǚ tóngxué
dōuyǒu. Wǒmen měitiān dōu yǒu bātángkè. Měigè
xuéshēng dōu shàng bù tong de kè.」
　　　「Wǒmende xuéxiào bù yíyàng. Wǒ dōu gēn
tóngbān tóngxué zài yīqǐ shàngkè. Měitángkè dōu
shì zhèyàng.」

Patricia 和 Anna 讲话 讲了 很 久。 Anna 很 高兴。 Patricia 说话 说得 很 慢。Anna 都 听懂了。 Anna 和 Patricia 讲话 讲了 两个 小时。 Anna 三点 钟 才 回家。

Patricia hé Anna jiǎnghuà jiǎng le hěn jiǔ. Anna hěn gāoxìng. Patricia shuōhuà shuō dé hěn màn. Anna dōu tīngdǒng le. Anna hé Patricia jiǎnghuà jiǎng le liǎng gè xiǎoshí. Anna sān diǎn zhōng cái huíjiā.

第七章

一天 晚上 Patricia 跟 她的 同学 开派对。 派对 在 Patricia 的 学校。 Patricia 请 Anna 去 派对。 在 派对 的 人 很多。

一个 男孩子 看着 Anna 。 他 走了 过来。 他 请 Anna 跳舞。

男孩子 问：「你 叫 什麼 名字？」

「我的 英文名字 叫 Anna 。你呢？」

「我的 朋友 叫 我 阿龙。」

阿龙 问 Anna，「你 是 哪里 人？」

「我 是 美国人。我的 家 在 New York。」

阿龙 说，「你 中国话 说得 很 好。」

Anna 回答说，「哪里，哪里。我 说得 不好。但是 我 很 喜欢 说 中国话。我 也 很 喜欢 台湾。」

阿龙 问 Anna，「你 会 不会 跳舞？」

「一点点。我 跳舞 跳得 不好。你呢？」

dì qī zhāng

Yī tiān wǎnshàng Patricia gēn tāde tóngxué kāi pàiduì. Pàiduì zài Patricia de xuéxiào. Patricia qǐng Anna qù pàiduì. Zài pàiduì de rén hěnduō. Yīge nánháizi kànzhe Anna. Tā zǒule guòlái. Tā qǐng Anna tiàowǔ.

Nánháizi wèn: 「Nǐ jiào shénme míngzi? 」

「Wǒde yīngwén míngzi jiào Anna. Nǐ ne? 」

「Wǒde péngyǒu jiào wǒ Ā Lóng.」

Ā Lóng wèn Anna, 「Nǐ shì nǎ lǐ rén? 」

「Wǒ shì měiguó rén. Wǒde jiā zài New York.」

Ā Lóng shuō, 「Nǐ zhōngguó huà shuōdé hěn hǎo.」

Anna huídá shuō, 「Nǎlǐ, nǎlǐ. Wǒ shuōdé bùhǎo. Dànshì wǒ hěn xǐhuān shuō zhōngguó huà. Wǒ yě hěn xǐhuān táiwān.」

Ā Lóng wèn Anna, 「Nǐ huì bú huì tiàowǔ? 」

「Yī diǎndiǎn. Wǒ tiàowǔ tiào dé bù hǎo. Nǐ ne? 」

「我是 跳舞 高手！我 可以 教 你 跳舞。过了 三十 分钟，你 就 会 跳舞 跳得 很 好。要不要？」

他们 去 跳舞。阿龙 是 很好 的 老师。他 教 Anna 跳舞。过了 三十 分钟，Anna 就 跳舞 跳得 很好 了。他们 跳了 两个 小时 的 舞。然后，他们 坐下来。

Anna 问：「你 有 女朋友 吗？」

「没有。我 父母 说，我 上大学 才 可以 交 女朋友。我 要 考上 好的 大学，所以 我 应该 多多 读书。但是 我 常常 去 派对，因为 我 很 喜欢 跳舞。」

Anna 问：「你家 有 几个 人？」

「我 有 一个 弟弟、一个 妹妹。我 是 老大。我 十五 岁。我 弟弟 十二 岁。我 妹妹 九 岁。还有 我 父母亲、祖父 和 祖母。」

「Wǒ shì tiàowǔ gāoshǒu! wǒ kěyǐ jiào nǐ tiàowǔ. Guò le sānshí fēnzhōng, nǐ jiù huì tiàowǔ tiàodé hǎo hǎo. Yào búyào?」

Tāmen qù tiàowǔ. Ā Lóng shì hěn hǎo de lǎoshī. Tā jiào Anna tiàowǔ. Guò le sānshí fēnzhōng, Anna jiù tiàowǔ tiàodé hěnhǎo le. Tāmen tiàole liǎng gè xiǎoshí de wǔ. Ránhòu, tāmen zuòxiàlái.

Anna wèn: 「Nǐ yǒu nǚpéngyǒu ma?」

「Méiyǒu. Wǒ fùmǔ shuō, wǒ shàng dàxué cái kěyǐ jiāo nǚpéngyǒu. Wǒ yào kǎoshàng hǎode dàxué, suǒyǐ wǒ yīnggāi duōduō dúshū. Dànshì wǒ chángcháng qù pàiduì, yīnwèi wǒ hěn xǐhuān tiàowǔ.」

Anna wèn: 「Nǐ jiā yǒu jǐ gè rén?」

「Wǒ yǒu yīge dìdi 、 yīge mèimei. Wǒ shì lǎo dà. Wǒ shíwǔ suì. Wǒ dìdi shíèr suì. Wǒ mèimei jiǔ suì. háiyǒu wǒ fùmǔqīn 、 zǔfù hé zǔmǔ.」

Anna 说，「我家有五个人。我十五岁。我弟弟叫 Don。他十四岁。我妹妹叫 Patty。她今年十一岁。我祖父住在 Florida。他不住在我们的房子。你的房子大不大?

「我们的房子很大。很多台湾农民的房子都很大。我们是农民。我们种蔬菜。我们信佛教。我们吃很多蔬菜。因为我们信佛教，所以我们吃素。」

Anna 说：「请问，吃素是什麽意思? 我听不懂。」

阿龙回答说：「我家人都不吃肉。吃素的意思是，不吃肉。信佛教的人都吃素。」

Anna 说：「我懂了。在我家，我们不常常吃肉，因为我们没有很多钱。如果我说我要吃肉，父母就会不高兴。我跟我父母亲有很多问题。他们常常骂我。信佛教的父母不会骂他们的孩子吧!」

Anna shuō, 「Wǒ jiā yǒu wǔ ge rén. Wǒ shíwǔ suì. Wǒ dìdi jiào Don. Tā shísì suì. Wǒ mèimei jiào Patty. Tā jīnnián shíyī suì. Wǒ zǔfù zhùzài Florida. Tā bù zhùzài wǒmende fángzi. Nǐde fángzi dà bú dà?

「Wǒmende fángzi hěn dà. Hěnduō táiwān nóngmín de fángzi dōu hěn dà. Wǒmen shì nóngmín. Wǒmen zhǒng shūcài. Wǒmen xìn fójiào. Wǒmen chī hěnduō shūcài. Yīnwèi wǒmen xìn fójiào, suǒyǐ wǒmen chīsù.」

Anna shūo: 「Qǐngwèn, chīsù shì shénme yìsi? Wǒ tīngbùdǒng.」

Ā Lóng huídá shūo: 「Wǒ jiārén dōu bù chī ròu. Chīsù de yìsi shì, bù chī ròu. Xìn fójiào de rén dōu chīsù.」

Anna shūo: 「Wǒ dǒng le. Zài wǒ jiā, wǒmen bù chángcháng chīròu, yīnwèi wǒmen méiyǒu hěnduō qián. Rúguǒ wǒ shuō wǒ yào chī ròu, fùmǔ jiù huì bù gāoxìng. Wǒ gēn wǒ fùmǔqīn yǒu hěn duō wèntí. Tāmen chángcháng mà wǒ. Xìn fójiào de fùmǔ bú huì mà tāmen de háizi ba！」

阿龙 说，「Anna，我父母亲 都 会 骂 我。我父亲 天天 都 骂 我! 我母亲 也 常常 骂 我。我 把衣服 放在 床 上，母亲 会 骂 我。我的 音乐 太 大声，父亲 会 骂 我。所有的 家庭 都 有 问题。在 台湾 是 这样，在 美国 也是 这样。」

「真的 吗？」

「真的。」

时间 不 早 了。Patricia 看到 Anna 和 阿龙。Patricia 走过去，跟 他们 说：「时间 不 早 了。我们 回家 吧! 」

Anna 跟 阿龙 说：「再见! 」

阿龙 回答：「Anna，再见! 」

Anna 很 高兴。她 交了 一个 新的 朋友。但是 她 同时 也 有一点 难过，因为 她 很 快 就要 回美国 去。

Ā Lóng shuō, 「Anna, wǒ fùmǔqīn dōu huì mà wǒ. Wǒ fùqīn xiàtiān dōu mà wǒ! Wǒmǔqīn yě chángcháng mà wǒ. Wǒ bǎ yīfú fàngzài chuáng shàng, mǔqīn huì mà wǒ. Wǒde yīnyuè tài dàshēng, fùqīn huì mà wǒ. Suǒyǒu de jiātíng dōu yǒu wèntí. Zài táiwān shì zhèyàng, zài měiguó yě shì zhèyàng.」

「Zhēnde ma? 」

「Zhēnde.」

Shíjiān bùzǎo le. Patricia kàndào Anna hé Ā Lóng. Patricia zǒuguòqù, gēn tāmen shūo: 「Shíjiān bùzǎo le. Wǒmen huíjiā ba! 」

Anna gēn Ā Lóng shūo: 「Zàijiàn! 」

Ā Lóng huídá: 「Anna, zàijiàn! 」

Anna hěn gāoxìng. Tā jiāo le yīge xīnde péngyǒu. Dànshì tā tóngshí yě yǒu yī diǎn nánguò, yīnwèi tā hěn kuài jiù yào huí měiguó qù.

第八章

Anna 明天 就要 回 美国 了。她 有一点 难过，因为 她 很 喜欢 台湾。但是 她 也 想要 回 美国。她 很 想念 她的 家人。她很 想念 她的 朋友。连 她弟弟 她 也 想念!

Anna 要 向 她的 朋友 道别。她 去 Patricia 的 家。她 跟 Patricia 去 茶馆 喝茶。Patricia 问 Anna:「在 美国 有 珍珠奶茶 吗？」

Anna 说，「没有。美国 的 豆浆 也 不一样。但是，没办法!」

Patricia 说，「那麽，我 应该 去 美国 开 茶馆!」

Anna 说，「Patricia, 我 明天 早上 六点钟 就要 回 美国 去。我 很 难过。在 台湾的 朋友 很 多。我 很 喜欢 台湾。」

「Anna，你 人 很好。你是 我 最好的 朋友。我 也 很 难过。我 想 明年 去 美国 看你。」

dì bā zhāng

Anna míngtiān jiù yào huí měiguó le. Tā yǒu
yīdiǎn nánguò, yīnwèi tā hěn xǐhuān táiwān. Dànshì
tā yě xiǎngyào huí měiguó. Tā hěn xiǎngniàn tāde
jiārén. Tā hěn xiǎngniàn tāde péngyǒu. Lián tā dìdi
tā yě xiǎngniàn!

Anna yào xiàng tāde péngyǒu dàobié. Tā qù
Patricia de jiā. Tā gēn Patricia qù cháguǎn hē chá.

Patricia wèn Anna: 「Zài měiguó yǒu zhēnzhū
nǎichá ma?」

Anna shuō, 「Méiyǒu. Měiguó de dòujiāng yě
bù yíyàng. Dànshì, méibànfǎ!」

Patricia shuō, 「Nàme, wǒ yīnggāi qù měiguó
kāi cháguǎn!」

Anna shuō, 「Patricia, wǒ míngtiān zǎoshàng
liù diǎnzhōng jiù yào huí měiguó qù. Wǒ hěn
nánguò. Zài táiwān de péngyǒu hěn duō. Wǒ hěn
xǐhuān táiwān.」

「Anna, nǐ rén hěnhǎo. Nǐ shì wǒ zuìhǎo de
péngyǒu. Wǒ yě hěn nánguò. Wǒ xiǎng míngnián qù
měiguó kàn nǐ.」

Anna 回答说：「明年 夏天 你 就 可以 去 美国。我们 可以 一起 玩。我家 很 漂亮。你 一定 会 喜欢!」

Anna 到 阿龙 的 家 去。阿龙 一见到 Anna，就 笑 了 起来。

Anna 说：「我 明天 就要 回 美国 了。我 很 难过!」

「我 很 高兴 你 来了 台湾。我 很 高兴 有 机会 跟你 跳舞 和 讲话。你 是 一个 很 好的 朋友。」

Anna 说：「你 给 我 写 e-mail 吧!」

阿龙 说：「我 明天 就会 写!」

「阿龙 再见!」

「再见!」

Anna 回到 张家。她 很 难过。她 要 跟 明美 和 明丽 道别。她 先 对 张先生 和 张太太 说：「张叔叔，张阿姨，谢谢 你们! 你们 是 我的 第二 个 家庭。我 喜欢 你们 的 家。我 喜欢 台湾! 你们 对 我 很 好! 我 在 台湾 的 时间 都 很 好。」

Anna huídá shuō: 「Míngnián xiàtiān nǐ jiù kěyǐ qù měiguó. Wǒmen kěyǐ yīqǐ wán. Wǒ jiā hěn piàoliang. Nǐ yídìng huì xǐhuān!」

Anna dào Ā Lóng de jiā qù. Ā Lóng yī jiàndào Anna, jiù xiàole qǐlái.

Anna shūo: 「Wǒ míngtiān jiùyào huí měiguó le. Wǒ hěn nánguò!」

「Wǒ hěn gāoxìng nǐ lái le táiwān. Wǒ hěn gāoxìng yǒu jīhuì gēn nǐ tiàowǔ hé jiǎnghuà. Nǐ shì yīge hěn hǎode péngyǒu.」

Anna shūo: 「Nǐ gěi wǒ xiě e-mail ba!」

Ā Lóng shūo: 「Wǒ míngtiān jiùhuì xiě！」

「Ā Lóng zàijiàn!」

「Zàijiàn!」

Anna huídào zhāng jiā. Tā hěn nánguò. Tā yào gēn Míngměi hé Mínglì dàobié. Tā xiān duì Zhāng xiānshéng hé Zhāng tàitai shūo: 「Zhāng shūshu, zhāng āyí, xièxiè nǐmen! Nǐmen shì wǒde dì èr ge jiātíng. Wǒ xǐhuān nǐ mende jiā. Wǒ xǐhuān táiwān! nǐmen duì wǒ hěn hǎo! Wǒ zài táiwān de shíjiān dōu hěnhǎo.」

大家 上车 送 Anna 到 高雄的 机场。 Anna 拥抱 了 他们，向 他们 说：「再见! 我 很 喜欢 你们。 你们 是 我的 第二个 家庭。 谢谢 你们 给我 这个机会! 」

大家 大声地 叫，「再见! 再见! 一路平安! 」

Anna 上了飞机。她要飞 十九个 小时。在 飞机上，她 都 在 想 台湾的 朋友。

Anna 一下了 飞机，就 看到 她的家人。 全家 都 在 机场。 Anna 看到 家人 的 时候，就 大声地 叫：「大家好! 我 回来 了! 」

大家 都 跑过去 拥抱 Anna。 Anna 回来 了! 他们 都 很 高兴。

Anna 看到 来机场的 朋友。她 向 朋友 大声地 叫：「你们好! 」

Anna 拥抱了 她的朋友。

然后，Anna 就 回家 了。 她 很 高兴，因为 她 跟 她家人 在一起。但是同时她 也 有点难过，因为 她 不在 台湾 了。她 想念 在 台湾 的 朋友。

Dàjiā shàngchē song Anna dào Gāoxióng de jīchǎng. Anna yōngbāo le tāmen, xiàng tāmen shūo: 「Zàijiàn! Wǒ hěn xǐhuān nǐmen. Nǐmen shì wǒde dièr gè jiātíng. Xièxiè nǐmen gěi wǒ zhè ge jīhuì!」

Dàjiā dàshēng dì jiào, 「Zàijiàn! Zàijiàn! Yī lù píng ān!」

Anna shàngle fēijī. Tā yào fēi shijiǔ ge xiǎoshí. Zài fēijī shàng, tā dōu zài xiǎng táiwān de péngyǒu.

Anna yī xiàle fēijī, jiù kàndào tā dejiārén. Quánjiā dōu zài jīchǎng. Anna kàndào jiārén de shíhòu, jiù dàshēng dì jiào: 「Dàjiā hǎo! wǒ huílái le!」

Dàjiā dōu pǎoguòqù yōngbāo Anna. Anna huílái le! tāmen dōu hěn gāoxìng.

Anna kàndào lái jīchǎng de péngyǒu. Tā xiàng péngyǒu dàshēng dì jiào: 「Nǐmen hǎo!」

Anna yōngbàole tā de péngyǒu.

Ránhòu, Anna jiù huíjiā le. Tā hěn gāoxìng, yīnwèi tā gēn tā jiārén zài yīqǐ. Dànshì tóngshí tā yě yǒudiǎn nánguò, yīnwèi tā bú zài táiwān le. Tā xiǎngniàn zài táiwān de péngyǒu.

第九章

Anna 跟 她家人 上车 的时候，向 他们说：「我 喜欢 这辆车。这 是 很 好的车。我看，我们的车 很 不错。我们 很 幸福。我们的东西 很 多。我们的 朋友 也很 多。我们 真的 很 幸福。」

Anna 的 父亲说：「你 的 看法 很 不一样 了！」

到家 的时候，Anna 走了 进去，大声地叫：「这 应该是 有钱人的 房子 吧! 这个房子 很 大! 」

Anna 的 母亲 说：「我 很 喜欢 你 这个 看法! 」

Anna 看 家里的 东西。她 想想 她 台湾朋友的 家。她 看她家人 很 幸福。虽然 她的 弟弟 还很 麻烦，但是 Anna 很 快乐。

dì jiǔ zhāng

Anna gēn tā jīarén shàngche de shíhòu, xiàng tāmen shūo: 「Wǒ xǐhuān zhè liàn chē. Zhè shì hěn hǎode chē. Wǒ kàn, wǒmende chē hěn búcuò. Wǒmen hěn xìngyùn. Wǒmende dōngxī hěn duō. Wǒmende péngyǒu yě hěn duō. Wǒmen zhēnde hěn xìngyùn.」

Anna de fùqīnshūo: 「Nǐ de kànfǎ hěn bù yíyàng le!」

Dào jiā de shíhòu, Anna zǒule jìnqù, dàshēng de jiào: 「Zhè yīnggāi shì yǒu qián rén de fángzi ba! Zhè ge fángzi hěn dà!」

Anna de mǔqīn shuō: 「Wǒ hěn xǐhuān nǐ zhè gè kànfǎ！」

Anna kàn jiā lǐ de dōngxī. Tā xiǎngxiǎng tā táiwān péngyǒude jiā. Tā kàn tā jīarén hěn xìngyùn. Suīrán tāde dìdi hái hěn máfán, dànshì Anna hěn kuàilè.

Anna 到 学校 去。她的看法 很 不一样 了。Anna 看着 她朋友。她的朋友 都 要 新车。她的朋友 常常 要 买 新的 东西。她们 常常 要 买 新的 衣服。

Anna 不想 买 新车 了。她 也 不想 买 新衣服 了。但是 她 常常 想 她在台湾的 朋友。她 常常 想 阿龙、Patricia、和在台湾的「第二个 家庭」。Anna 的想法 跟 以前 很 不一样 了。她 很 快乐。

第二天，Anna 收到 阿龙 的 e-mail。阿龙 说：

Anna：

你好吗？你的 家人 都 好 吗？学校 好不好？

Anna dào xuéxiào qù. Tā de kànfǎ hěn bù
yíyàng le. Anna kànzhe tā péngyǒu. Tā de péngyǒu
dōu yào xīn chē. Tā de péngyǒu chángcháng yào
mǎi xīnde dōngxī. Tā men chángcháng yào mǎi
xīnde yīfú.

Anna bù xiǎng mǎi xīn chē le. Tā yě bù xiǎng
mǎi xīnyīfú le. Dànshì tā chángcháng xiǎng tā zài
táiwānde péngyǒu. Tā chángcháng xiǎng Ā Lóng 、
Patricia 、 hé zài táiwān de 「dì èr ge jiātíng」. Anna
de xiǎngfǎ gēn yǐqián hěn bù yíyàng le. Tā hěn
kuàilè.

Dìèr tiān, Anna shōudào Ā Lóng de e-mail. Ā
Lóng shūo:

Anna :
Nǐ hǎo ma？ Nǐde jiārén dōu hǎo ma？ Xuéxiào
hǎo bù hǎo？

我 很 好。台湾 也 很好。我 每天 去 学校 上课。今年 的 课 很 有意思。我的 英文 老师 很好。我 要 学好 英文，因为 我想 用英文 写 e-mail 给你。我 还要 上 国文、数学、科学 和 台湾 历史。我们 也 学 美国 历史。我看，美国 历史课 很 不错。我想 在 美国 念书。

Patricia 也 很 好。她 也 要 学好 英文。她 明年 想 去 美国 看你。

明丽 和 明美 都 很好。她们 每天 也 去 学校 上课。她们 说，她们的 课 和老师 也 都 很 不错。

你什麼时候 再 来 台湾？我 很 想念 你。我 想 跟你 讲话。

祝
平安快乐

阿龙
台湾，八月 26 日晚

Wǒ hěn hǎo. Táiwān yě hěnhǎo. Wǒ měitiān qù xuéxiào shàngkè. Jīnnián de kè hěn yǒu yìsi. Wǒde yīngwén lǎoshī hěn hǎo. Wǒ yào xuéhǎo yīngwén, yīnwèi wǒ xiǎng yòng yīngwén xiě e-mail gěi nǐ. Wǒ hái yào shàng guówén、shùxué、kēxué hé táiwān lìshǐ. Wǒmen yě xué měiguó lìshǐ. Wǒ kàn, měiguó lìshǐkè hěn búcuò. Wǒ xiǎng zài měiguó niànshū. Patricia yě hěn hǎo. Tā yě yào xuéhǎo yīngwén. Tā míngnián xiǎng qù měiguó kàn nǐ. Mínglì hé Míngměi dōu hěn hǎo. Tāmen měitiān yě qù xuéxiào shàngkè. Tāmen shuō, tāmende kè hé lǎoshī yě dōu hěn búcuò.

Nǐ shénme shíhòu zài lái táiwān？Wǒ hěn xiǎngniàn nǐ. Wǒ xiǎng gēn nǐ jiǎnghuà.

Zhù
Píng'ān kuàilè

Ā Lóng
táiwān, bā yuè 26 rì wǎn

Anna 看完 阿龙 的 e-mail 的时候，她 很 高兴。她 很 高兴，因为 阿龙 在台湾 都 很 好。她 很 高兴，因为 阿龙 给她 写 e-mail。她 很 高兴，因为 Patricia 想要 来 美国 看她。

Anna 给 阿龙 回 e-mail：

亲爱的 阿龙,

I am very happy to receive your e-mail. 你 是 一个 很 好的 朋友。我 很 高兴 听到 你、Patricia 和 明丽 都 很 好。

在这儿，什麽都 很 好。今年 的 课 都 很 好。我 天天 上 中文课，现在 我 会 说 很 多话 了! 我 老师 说 我 说得 不错。上课 的 时候，我 常常 跟 我同学 说 我 在台湾 的 事。

Anna kànwán Ā Lóng de e-mail de shíhòu, tā hěn gāoxìng. Tā hěn gāoxìng, yīnwèi Ā Lóng zài táiwān dōu hěn hǎo. Tā hěn gāoxìng, yīnwèi Ā Lóng gěi tā xiě e-mail. Tā hěn gāoxìng, yīnwèi Patricia xiǎngyào lái měiguó kàn tā. Anna gěi Ā Lóng huí e-mail:

Qīn'ài de Ā Lóng,

I am very happy to receive your e-mail. Nǐ shì yīge hěn hǎode péngyǒu. Wǒ hěn gāoxìng ting dào nǐ 、 Patricia hé Mínglì dōu hěn hǎo. Zài zhèr, shénme dōu hěn hǎo. Jīnnián de kè dōu hěn hǎo. Wǒ xiàtiān shàng zhongqwénkè, xiànzài wǒ huì shuō hěn duō huà le! Wǒ lǎoshī shuō wǒ shuōdé búcuò. Shàngkè de shíhòu, wǒ chángcháng gēn wǒ tóngxué shuō wǒ zài táiwān de shì.

我 家人 都 很 好。我 母亲 还会 骂 我，但是 没有 关系。我的 家 是 很 正常 的 家。明年 夏天，我 不能 去台湾，因为 Patricia 要 来 我家。我 很 难过，因为 我 很 想 去 台湾。我想，再过 两年，我 就会 再 到 台湾 去。

很 高兴 收到 你的 e-mail! 要 再 写 e-mail 给我!

祝
万事如意!
Anna
Delmar，九月三号晚

Anna 说，「我 很 高兴 有 这麼好 的 朋友。我的 家人 很 好。我的 朋友 很 多。我的 学校 和 同学 都 不错。虽然 弟弟 很 麻烦，但是 我 很 幸福!」Anna 笑口常开，因为 她的 问题 都 不 重要 了!

Wǒ jiārén dōu hěn hǎo. Wǒ mǔqīn háihuì mà wǒ, dànshì méiyǒu guānxi. Wǒde jiā shì hěn zhèngcháng de jiā. míngnián xiàtiān, wǒ bù néng qù táiwān, yīnwèi Patricia yào lái wǒ jiā. Wǒ hěn nánguò, yīnwèi wǒ hěn xiǎng qù táiwān. Wǒ xiǎng, zài guò liǎngnián, wǒ jiù huì zài dào táiwān qù. Hěn gāoxìng shōudào nǐ de e-mail! Yào zài xiě e-mail gěi wǒ!

Zhù
Wànshì rúyì!
Anna
Delmar, jiǔyue sān hào wǎn

Anna shuō, ⌈Wǒ hěn gāoxìng yǒu zhème hǎo de péngyǒu. Wǒde jiārén hěn hǎo. Wǒde péngyǒu hěn duō. Wǒde xuéxiào hé tóngxué dōu búcuò. Suīrán dìdi hěn máfán, dànshì wǒ hěn xìngfú！⌋ Anna xiàokǒuchángkāi, yīnwèi tāde wèntí dōu bù zhòngyào le!

GLOSSARY

阿龙	ālóng	A-Long (person's nickname)
八堂课	bātángkè	eight class periods
把书放在	bǎ shū fàngzài	put the book at/on/in
爸爸	bàba	daddy
吧	ba	(suggestion)
拜托	bàituō	would you mind
半个	bàn'gè	half a
帮	bāng	assist; aid in
帮她忙	bāng tā máng	helps her
包子	bāozǐ	steamed bun with filling
背包里	bēibāo lǐ	in the backpack
比	bǐ	compared to
别的	biéde	another
饼	bǐng	cookie; cake
不太小	bú tài xiǎo	not too small
不错	búcuò	not bad
不见了	bújiàn le	is lost
不太	bútài	not too
不要	búyào	don't!; not want
不要客气	búyào kèqì	don't be polite
不要钱	búyào qián	free (no cost)
不要这样	búyào zhèyàng	don't be this way
不	bù	not
不一样	bù yíyàng	different
不高兴	bùgāoxìng	unhappy; upset
不好意思	bùhǎo yìsi	sorry; excuse me
才	cái	then and only then
茶	chá	tea
茶馆	cháguǎn	tea house
长	cháng	long
长头发	cháng tóufa	long hair
常常	chángcháng	often

超市	chāoshì	supermarket
嘲笑	cháoxiào	laugh at; make fun of
车	chē	car
车上	chēshàng	in the car
城里	chénglǐ	in town
成龙	chénglóng	Jackie Chan
吃	chī	eat
吃得习惯	chīdé xíguàn	be used to the food
吃的饭	chīdefàn	the food that (they) eat
吃饭	chīfàn	eat
吃肉	chīròu	eat meat
吃素	chīsù	be a vegetarian
吃完	chīwán	finish eating
穿	chuān	wear (clothing)
床	chuáng	bed
床上的书	chuáng shàng de shū	the book on the bed
从	cóng	from
打开	dǎkāi	open up; turn on
大	dà	big
大家	dàjiā	everyone
大家好	dàjiā hǎo	hello; everyone
大门	dàméng	main gate or door
大声	dàshēng	loud
大声地	dàshēng dì	loudly
大小	dàxiǎo	size
大学	dàxué	college
但是	dànshì	but
当然	dāngrán	of course
到	dào	to; arrive
道别	dàobié	say goodbye to
到了	dàole	arrived at
的	de	's; the one that
的那天	de nàtiān	the day that
的时候	de shíhòu	when (something

		happens)
等她	děng tā	wait for her
等等	děngděng	etc.
第三个	dì sān gè	the third one
第一章	dì yī zhāng	the first chapter
地板	dìbǎn	floor
弟弟	dìdi	younger brother
第二个家庭	dìèr gè jiātíng	second family
第二天	dìèr tiān	the next day
第二个	dìèrgè	the second (one)
第二间房间	dìèrjiān fángjiān	the second room
地方	dìfāng	place
第三天	dìsāntiān	the third day
第四章	dìsì zhāng	fourth chapter
点了头	diǎn le tóu	nodded
电视	diànshì	television
电影	diànyǐng	movie
东西	dōngxī	thing
都	dōu	all; both
都一样	dōu yíyàng	all the same
都会	dōuhuì	are all likely to
都是	dōushì	are all
都有	dōuyǒu	all have
豆浆	dòujiāng	soybean milk
对	duì	to
对啊	duì a	that's right!
对了	duì le	oh right; I remember now...
对不起	duìbùqǐ	excuse me; sorry
对面	duìmiàn	opposite; the other side
多	duō	numerous; many
多吃	duō chī	eat more

多多读书	duōduō dúshū	study more
儿子	érzi	son
二年级:	èr niánjí	second-year
法国	fàguó	France
法语	fàyǔ	French language
饭馆	fànguǎn	restaurant
房间	fángjiān	room
房子	fángzi	house
放在	fàngzài	put (in a place)
飞机	fēijī	airplane
飞机上	fēijī shàng	on the plane
飞机场	fēijīchǎng	airport
飞机票	fēijīpiào	plane ticket
分钟	fēnzhōng	minute
佛教	fójiào	Buddhism
父母	fùmǔ	parents; mother and father
父母亲	fùmǔqīn	parents; mother and father
父亲	fùqīn	father
父亲	fùqīn	father
高	gāo	tall; a Chinese surname
高老师	gāo láoshī	Teacher Gao (person's name)
高小姐	gāo xiǎojiě	Miss Gao
高手	gāoshǒu	expert
高速公路	gāosù gōnglù	highway
高兴	gāoxìng	happy
高兴地	gāoxìng dì	happily
高雄	gāoxióng	Kaohsiung (city in southern Taiwan)
高一	gāoyī	first-year high school
高中	gāozhōng	high school
高中生	gāozhōng shēng	high school student
告诉	gàosù	tell

给	gěi	give; to; for
给我	gěi wǒ	give me
给钱	gěiqián	pay money
跟	gēn	with; to
根据	gēnjù	based on
公车	gōngchē	bus
公园	gōngyuán	park
工作	gōngzuò	work; job
故事	gùshì	story
关小	guānxiǎo	turn down (volume)
关系	guānxi	relationship; connection
贵	guì	expensive; honorable
国外	guówài	overseas
国语	guóyǔ	Mandarin language
过	guò	pass; to have had an experience
过了三十分钟	guòle sānshífènzhōng	after 30 minutes
还	hái	still
还好	háihǎo	not too bad
还会	háihuì	is still likely to
还是	háishì	or; is still
还有	háiyǒu	there are more
孩子	háizǐ	child
汉堡包	hànbǎobāo	hamburger
汉语	hànyǔ	spoken Chinese language
好	hǎo	good
好吃	hǎochī	delicious
好好读书	hǎohāo dúshū	study hard
好啦	hǎolā	fine! (exasperated)
好吗	hǎoma	okay?
喝	hē	drink
喝茶	hē chá	drink tea

很	hěn	very
很多	hěnduō	a lot of; many
红色的车	hóngsè de chē	red car
话	huà	speech; words
欢迎	huānyíng	welcome
黄色的	huánse de	yellow colored
黄色	huángse	yellow color
灰色的	huīsè de	gray colored
回	huí	return (to a place)
回e-mail	huí e-mail	reply to an e-mail
回答	huídá	reply; answer
回答说	huídá shuō	say in reply
回到	huídào	return to
回家	huíjiā	go back home
回来	huílái	come back
回来了	huílái le	is back
会	huì	know (how); likely to
会来	huì lái	is likely to come
会说	huì shuō	knows how to speak
火车	huǒchē	train
或	huò	or
机场	jīchǎng	airport
机会	jīhuì	opportunity
几个	jǐ gè	how many?
几岁	jǐ suì	how many years old?
记得	jìdé	remember
继续	jìxù	continue
家	jiā	home; family
家人	jiārén	family members
家庭	jiātíng	family
简短的	jiǎnduàn de	short and simple
见到	jiàndào	saw; spotted
讲话	jiǎnghuà	talk
交	jiāo	make (a friend)
叫	jiào	to be named

教	jiào	teach
结婚	jiéhūn	get married
姐姐	jiějie	elder sister
今年	jīnnián	this year
今天	jīntiān	today
进来	jìnlái	come in
久	jiǔ	a long time
九月	jiǔ yuè	September
就	jiù	then ("soon" feeling)
就是	jiùshì	is none other than
旧车	jiù chē	old car
觉得	juédé	feel
咖啡色	kāfēisè	coffee-colored; brown
开	kāi	open
开派对	kāi pàiduì	hold a party
开车	kāichē	drive a car
开到	kāidào	drive to
开始	kāishǐ	begin
看	kàn	look
看电视	kàn diànshì	watch TV
看不懂	kànbùdǒng	reads but doesn't understand
看到	kàndào	see
看法	kànfǎ	viewpoint
看法	kànfǎ	viewpoint
看看	kànkàn	take a look; find out
看了	kànle	saw; read
看完	kànwán	finish reading or looking at
看着	kànzhe	watching
考大学	kǎo dàxué	take a college entrance exam
考上	kǎoshàng	test into (a school)
靠近	kàojìn	be close to
科学	kēxué	science

可能	kěnéng	possibly
可以	kěyǐ	allowed to
课	kè	class
课本	kèběn	textbook
客气	kèqì	polite
快	kuài	fast
快要	kuài yào	will soon
快点吧	kuàidiǎn ba	hurry up
快乐	kuàilè	happy
来	lái	come
来机场的朋友	lái jīchǎng de péngyǒu	friends who come to the airport
蓝色	lánsè	blue
蓝色的	lánsè de	blue colored
老大	lǎo dà	eldest son
老师	lǎoshī	teacher
了	le	(completed action or change in status)
累	lèi	tired
里	lǐ	inside
里面	lǐmiàn	inside
历史	lìshǐ	history
历史课	lìshǐkè	history class
连	lián	even
练	liàn	practice (a sport)
练太极拳	liàn tàijíquán	practice t'ai chi
两个	liǎng gè	two
留	liú	let grow; wear (hair)
柳橙	liúchéng	oranges
六月	liù yuè	June
绿茶	lǜchá	green tea
绿色的	lǜsè de	green colored
妈妈	māma	mommy
麻烦	máfán	bothersome
马铃薯	mǎlíngshǔ	potato

马上	mǎshàng	immediately
骂	mà	scold
吗	ma	yes-or-no?
买	mǎi	buy
买的	mǎide	bought
卖	mài	sell
卖包子的人	màibāozǐ de rén	the person selling baozi
麦克风	màikèfēng	microphone
慢	màn	slow
慢一点	màn yī diǎn	a little slower
慢慢地	mànmàn dì	slowly
没	méi	doesn't have; there isn't
没看过	méi kànguò	has never seen/read
没办法	méibànfǎ	no way out of the problem
没有	méiyǒu	doesn't have; there isn't
没有办法	méiyǒu bànfǎ	no way out of the problem
没有了	méiyǒu le	all gone; none left
没有人	méiyǒu rén	no one
每个	měigè	each one
美国	měiguó	United States
美国的	měiguó de	American
美国人	měiguó rén	American person
美金	měijīn	US currency
每年	měinián	every year
每堂课	měitángkè	each class
每天	měitiān	every day
妹妹	mèimei	younger sister
明君	míngjūn	(a first name)
明丽	mínglì	(a first name)
明美	míngměi	(a first name)
明年	míngnián	next year

明天	míngtiān	tomorrow
明智	míngzhì	(a first name)
名字	míngzì	name
摩托车	mótuōchē	motorcycle
母亲	mǔqīn	mother
母亲	mǔqīn	mother
哪里	nǎlǐ	where?
哪里人	nǎlǐ rén	a person from where?
那	nà	that
那辆车	nà liàng chē	that car
那本	nàběn	that one (a book)
那本书	nàběnshū	that book
那个	nàgè	that one
那里	nàlǐ	there
那麽	nàme	well; so; then
那位	nàwèi	that one (person)
男朋友	nán péngyǒu	boyfriend
难过	nánguò	sad
男孩子	nánháizi	boy
难看	nánkàn	ugly
男女同学	nánnǚ tóngxué	male and female classmates
哪儿	nǎr	where?
呢	ne	"how about..."
你	nǐ	you
您好	nǐ hǎo	hello
你呢	nǐ ne	how about you?
你是说	nǐ shì shuō	you mean
你的	nǐde	your
你们	nǐmen	you-all
年	nián	year
念书	niànshū	study
牛	niú	cow
牛奶	niúnǎi	cow's milk
农民	nóngmín	farmer

女孩	nǚhái	girl
女孩子	nǚháizǐ	girl
女朋友	nǚpéngyǒu	girlfriend
女人	nǚrén	woman
女校	nǚxiào	girls' school
女儿	nüěr	daughter
怕	pà	be afraid of
派对	pàiduì	party
跑过去	pǎoguòqù	runs over
朋友	péngyǒu	friend
漂亮	piàoliang	pretty
平安快乐	píng'ān kuàilè	safe and happy
屏东	píngdōng	Pingtung (city in southern Taiwan)
苹果	píngguǒ	apple
骑	qí	to ride on (astride)
奇怪	qíguài	strange
起床	qǐchuán	get out of bed
起床了	qǐchuáng le	got out of bed
汽车	qìchē	car
汽水	qìshuǐ	carbonated drink; soda
钱	qián	money
巧克力	qiǎokèlì	chocolate
请	qǐng	invite; please
请你	qǐng nǐ	please
请说慢一点	qǐng shuō màn yīdiǎn	please speak slower
请问	qǐngwèn	excuse me; may I ask
去	qù	go
全家	quánjiā	the whole family
然后	ránhòu	then; afterwards
人	rén	person
人很好	rén hěnhǎo	is a nice person
人人	rénrén	everybody

认识	rénshi	know (a person); meet
人物	rénwù	character
日本	rìběn	Japan
日本的	rìběn de	Japanese
肉	ròu	meat
如果	rúguǒ	if
沙发上	shāfā shàng	on the sofa
上	shàng	on top of; go up; get on
上大学	shàng dàxué	go to college
上飞机	shàng fēijī	get on the plane
上车	shàngchē	get on a bus/in a car
上课	shàngkè	go to class
上面的	shàngmiàn de	the one above
上学	shàngxué	go to school
什麼	shénme	what?
什麼都	shénme dōu	everything
什麼意思	shénme yìsi	what does it mean?
什麼都不买	shenéme dōu bù mǎi	doesn't buy anything
生她的气	shēng tā de qì	gets mad at her
生气	shēngqì	angry
生气地	shēngqì dì	angrily
生气了	shēngqì le	gets mad
生日	shēngrì	birthday
声音	shēngyīn	sound; noise
十点	shí diǎn	ten o'clock
十五六	shí wǔ liù	15 or 16
时间	shíjiān	time
时间不早了	shíjiān bùzǎo le	it's getting late
十六	shíliù	sixteen
十四	shísì	fourteen
十五	shíwǔ	fifteen
食物	shíwù	food

十一	shíyī	eleven
是	shì	is; are; am; be
是的	shì de	yes
是这样	shì zhèyàng	it's like this
收到	shōudào	receive
手中	shǒuzhōng	in the hand
书	shū	book
蔬菜	shūcài	vegetables
数学	shùxué	math
双人床	shuāngrén chuáng	double bed
水果	shuǐguǒ	fruit
睡不着	shuìbùzháo	cannot go to sleep
睡觉	shuìjiao	sleep
睡觉了	shuìjiao le	went to sleep
说	shuō	say; talk; speak
说得很慢	shuō dé hěn màn	spoke very slowly
说的话	shuō de huà	the words that were said
说对了	shuō duì le	said correctly
说中文	shuō zhōngwén	speak Chinese
说得不好	shuōdé bùhǎo	speak poorly
说话	shuōhuà	say; talk; speak
书桌	shūzhuō	desk
送给	sònggěi	give as a gift to
塑胶袋	sùjiāodài	plastic bag
虽然	suīrán	although
岁	suì	year (of age)
所以	suǒyǐ	therefore
所有的	suǒyǒu de	all of
他	tā	he; she
她	tā	she
它	tā	it
她买的衣	tā mǎi de yīfú	the clothes that she buys

服		
她母亲	tā mǔqīn	her mother
他的	tāde	his; her
她的	tāde	her
他们	tāmen	they
他们的话	tāmen de huà	their speech
他们说的中文	tāmen shuō de zhōngwén	the Chinese that they speak
台湾银行	táiwānyínháng	Bank of Taiwan
太	tài	too
太高兴了	tài gāoxìng le	really happy
太贵了	tài guì le	too expensive
太好了	tài hǎo le	that's great
太极拳	tàijíquán	t'ai chi
太太	tàitài	Mrs.; wife
体育课	tǐyùkè	gym class
天天	tiāntiān	every day
甜	tián	sweet
跳得很	tiàodéhǎo	dance well
跳舞	tiàowǔ	dance
跳舞的人	tiàowǔ de rén	the people who are dancing
听	tīng	listen to
听得懂	tīng dé dǒng	hear and be able to understand
听不懂	tīngbùdǒng	hear but not understand
听到	tīngdào	hear
听到你	tīngdào nǐ	hear you
听懂	tīngdǒng	hear and understand
听懂了	tīngdǒng le	heard and understood
听见了没	tīngjiàn le méiyǒu	did you hear me?
听见了没有	tīngjiànle méiyǒu	did you hear me?
听了	tīngle	heard

停车	tíngchē	park a car
同班同学	tóngbān tóngxué	classmate in same homeroom
同时	tóngshí	at the same time
同学	tóngxué	classmate
头发	tóufa	hair
外面	wàimiàn	outside
晚饭	wǎnfàn	dinner
晚上	wǎnshàng	evening
万事如意	wànshì rúyì	May everything be as you wish
王	wáng	Wang (a last name)
王老师	wáng lǎoshī	Teacher Wang
王老师的话	wáng lǎoshī de huà	what Teacher Wang said
为什麽	wèishénme	why?
问	wèn	ask
问题	wèntí	problem; question
我	wǒ	I; me
我知道了	wǒ zhīdào le	oh; I get it now
我的	wǒde	my
我们	wǒmen	we; us
卧室	wòshì	bedroom
吸管	xīguǎn	drinking straw
习惯	xíguàn	be used to
喜欢	xǐhuān	likes
下飞机	xià fēijī	get off the plane
下课	xiàkè	get out of class
夏天	xiàtiān	summer
先	xiān	first
先生	xiānshēng	husband
现在	xiànzài	now
香蕉	xiāngjiāo	banana
想	xiǎng	think; feel like
想念	xiǎngniàn	miss

想要	xiǎngyào	feel like; would like
向	xiàng	to; toward
小	xiǎo	small
小姐	xiǎojiě	Miss
小时	xiǎoshí	hour
小说	xiǎoshuō	novel
小摊子	xiǎotànzi	small vendor's stand
校车	xiàochē	school bus
校服	xiàofú	school uniform
校服	xiàofú	school uniform
笑口常开	xiào kǒu cháng kāi	smiling all the time
笑了	xiàole	laughed; smiled
笑了起来	xiàole qǐlái	started to laugh
写	xiě	write
谢谢	xièxiè	thanks
谢谢您	xièxiè nín	thank you (polite)
新	xīn	new
心里	xīnlǐ	in his/her mind
信佛教的人	xìn fójiào de rén	Buddhists; people who believe in Buddhism
兴奋	xīngfèn	excited
星期一	xīngqī yī	Monday
行李	xínglǐ	luggage
姓	xìng	has the last name of
幸福	xìngyùn	good fortune
幸运饼	xìngyùn bǐng	fortune cookie
需要	xūyào	need
学	xué	study
学好	xuéhǎo	study and master
学年	xuénián	school year
学生	xuéshēng	student
学校	xuéxiào	school
颜色	yánsè	color

眼睛	yǎnjīng	eye
要	yào	want; (shows future)
要付	yào fù	will pay
要来	yào lái	will come
要去	yào qù	will go
也	yě	also
一百块	yī bǎi kuài	$100
一点	yī diǎn	a little bit
一点点	yī diǎndiǎn	just a little bit
一间房间	yī jiān fángjiān	a room
一见到	yī jiàndào	the moment s/he saw
一路平安	yī lù píng ān	safe travels!
一萍	yī píng	(a woman's first name)
一些	yī xiē	a few
一种	yī zhǒng	a kind of
一本	yīběn	one (book)
衣服	yīfú	clothing
一个	yīgè	one (thing)
一条纸	yītiáo zhǐ	a strip of paper
一定	yídìng	definitely
一样	yíyàng	the same
以后	yǐhòu	afterwards; after
以前	yǐqián	before
意思	yìsi	meaning
音量	yīnliàng	volume (of sound)
因为	yīnwèi	because
音乐	yīnyuè	music
银行	yínháng	bank
应该	yīnggāi	should
应该是	yīnggāi shì	it must be
英文	yīngwén	English language
英文名字	yīngwén míngzi	English name
英语	yīngyǔ	English language (spoken)
拥抱	yōngbāo	hug

用	yòng	use
用英文	yòng yīngwén	use English
有	yǒu	have; there is
有些人	yǒu xiē rén	some people
有意思	yǒu yìsi	interesting
有的	yǒude	some
有的人	yǒude rén	some people
有点难过	yǒudiǎn nánguò	is a little sad
有点怕	yǒudiǎn pà	is a little afraid
有名	yǒumíng	is famous
有钱	yǒuqián	rich
有钱的人	yǒuqián de rén	rich person
又大又漂亮	yòu dà yòu piàoliáng	both big and pretty
月	yuè	month
运动	yùndòng	exercise; play a sport
运动鞋	yùndòngxié	athletic shoes
再	zài	again (in the future)
在	zài	at
再过两年	zài guò liǎngnián	2 more years from now
在家	zài jiā	at home
在看她	zài kàn tā	looking at her (right now)
在那里	zài nàlǐ	there
再说一遍	zài shuō yībiān	say it again
在台湾的家庭	zài táiwān de jiātíng	family in Taiwan
在台湾的朋友	zài táiwān de péngyǒu	friends in Taiwan
在笑	zài xiào	smiling (right now)
在一起	zài yīqǐ	together
在这儿	zài zhèr	here
再见	zàijiàn	goodbye
早	zǎo	early; good morning!

早点	zǎodiǎn	breakfast food
早上	zǎoshàng	morning
早餐	zàocān	breakfast
怎麼	zěnme	how?
怎麼办	zěnme bàn	how can this be handled?
怎麼样	zěnme yàng	What's it like?
张阿姨	zhāng āyí	Auntie Zhang
张家	zhāng jiā	the Zhang family
张家的	zhāng jiā de	the Zhangs'
张君义	zhāng jūnyì	(a man's name)
张明君	zhāng míngjūn	(a boy's name)
张明丽	zhāng mínglì	(a girl's name)
张明美	zhāng míngměi	(a girl's name)
张明智	zhāng míngzhì	(a boy's name)
张叔叔	zhāng shūshu	Uncle Zhang
找	zhǎo	look for
找不到	zhǎo bú dào	looks for but cannot find
找到了	zhǎo dào le	looked for and found
这	zhè	this
这边请	zhè biān qǐng	this way please
这次	zhè cì	this time
这个	zhè gè	this one
这辆车	zhè liàng chē	this car
这是	zhè shì	this is
这件	zhèjiàn	this (piece of clothing)
这麼好的	zhème hǎo de	such good
这时	zhèshí	at this time
这样	zhèyàng	in this way; this kind of
着	zhe	(shows action is going on now)
真的	zhēnde	really
真的吗	zhēnde ma	really?
珍珠奶茶	zhēnzhū nǎichá	pearl milk tea

正常	zhèngcháng	normal
这儿	zhèr	here
知道	zhīdào	know (a fact)
只	zhǐ	only
只有	zhǐ yǒu	there is only
中国	zhōngguó	China
中国菜	zhōngguó cài	Chinese food
中国话	zhōngguó huà	spoken Chinese language
中山公园	zhōngshān gōngyuán	Zhongshan Park
中文	zhōngwén	Chinese language
中文歌	zhōngwén gē	Chinese songs
中文字	zhōngwén zì	Chinese characters
种	zhǒng	kind of; to plant
重要	zhòngyào	important
中文课	zhongwénkè	Chinese class
祝	zhù	wish someone
住在	zhùzài	live at
自然	zìrán	natural science
走	zǒu	walk; leave
走到	zǒudào	walk to
走过去	zǒuguòqù	walk over
走进去	zǒujìnqù	walk in
走了过来	zǒule guòlái	walked over to
走了进去	zǒule jìnqù	walked in
走路	zǒulù	walk
祖父	zǔfù	paternal grandfather
祖母	zǔmǔ	paternal grandmother
最	zuì	most
最喜欢的	zuì xǐhuān de	favorite
最贵的	zuìguì de	the most expensive
最好的	zuìhǎo de	the best
最后	zuìhòu	last; finally
左右	zuǒyòu	approximately

坐	zuò	sit
坐飞机	zuò fēijī	take an airplane
坐下	zuò xià	sit down

Made in the USA
Middletown, DE
06 August 2020

14629101R00062